◆ 幼児・小学校低学年の
◆ 器楽指導

保育者のためのリズム遊び

◆編著◆
木許隆、高倉秋子、高橋一行、三縄公一

音楽之友社

■目次■

はじめに……4

序章
子どもと音楽とリズム……5
子どもとリズム／子どもの歌／子どもと楽器／子どもに向いている打楽器／楽器について／子どもに対する器楽指導の注意（持ち方・打ち方）／保育者に求められる音楽的な力

第1章
リズムで遊ぼう……9
1. 言葉遊びで楽しいリズム……10
みんなであいさつ／お名前リズム遊び／言葉のリズム遊び／おしゃべりドラム1：ミックスジュース・ゲーム／おしゃべりドラム2：ヴォイスパーカッション／速さのまねっこ遊び／まねっこリズム

2. ボディパーカッションを楽しもう……16
人間ドラム1：手拍子＆足踏み／人間ドラム2：ボディパーカッション／ボディパーカッションを取り入れたアンサンブル（『世界中の子どもたちが』）

3. 楽器でリズムを遊ぼう……21
リズム・アンサンブルで遊ぼう／紙コップでリズム楽譜を作ろう／楽器の音色を楽しもう（『いぬのおまわりさん』）／即興リズムを作ろう／ドラムサークルで楽器遊びをしよう／短時間で打楽器パレードを作ろう／身の周りから見つけよう音遊び／民族楽器で遊ぼう／童謡を楽しもう（『とけいのうた』）

第2章
楽器でリズムを楽しもう……35
打楽器の仲間たち……36
体鳴楽器／膜鳴楽器／気鳴楽器／電鳴楽器／効果楽器

楽器で楽しむリズム　木製の楽器……38
カスタネット／クラベス／ウッドブロック／マラカス／ギロ

楽器で楽しむリズム　金属製の楽器……42
トライアングル／すず／シンバル／アゴゴベル／カウベル／シェーカー

楽器で楽しむリズム　皮を張った楽器……48
タンブリン／小太鼓／大太鼓／ボンゴ／コンガ

楽器で楽しむリズム　いろいろな楽器……52
ティンパニ／ティンバレス／木琴（シロフォン／マリンバ）／鉄琴（グロッケン／ヴィブラフォーン）

第3章
世界のリズムを楽しもう……………………………………55
ロック／アフロ・キューバン／マンボ／ルンバ／サンバ／ボサ・ノヴァ／スイング／タンゴ／チャ・チャ・チャ／マーチ／ワルツ／カリプソ／ビギン／メレンゲ／ポルカ／ボレロ

第4章
リズム・アンサンブルを楽しもう………………65
- 1．楽しみながら基礎練習……66
  立って足踏みしながら／イスに座って／リズム・カノン／二重奏／三重奏／四重奏
- 2．やさしいリズム・トレーニング……70
  言葉を使った基礎練習
- 3．いろいろなリズム・アンサンブル……72
  2拍子のリズム・アンサンブル／3拍子のリズム・アンサンブル／4拍子のリズム・アンサンブル
- 4．アンサンブルを楽しもう……74
  とんでったバナナ‥74
  ピクニック‥76
  みんなのサンバ‥79
  ジュースじゅんじゅん‥80
  チェッ・チェッ・コリ‥82
  マーチ1‥83
  マーチ2‥84

はじめに

　子どもたちに音楽を通して夢と希望と喜びを与えることを目的に、保育・教育に携わってきた長年の経験を生かし、子どもたちの心をいかにつかむかを考えて著された本です。
　リズムは音楽のもっとも根源的な要素であり、リズムを奏でるだけで音楽に成り得るのです。将来、保育士・幼稚園教諭を目指す方々にとって、音楽する心は必要不可欠であり、中でもリズム教育の習得はとても重要です。
　本書では、子どものリズム感覚が豊かになり、また音楽が好きになるような、楽しみながら学習ができるリズム遊びをわかりやすく紹介しています。手をたたいたり足を鳴らしたり、体を使ってリズムを奏でるボディパーカッションの遊び方や、楽器を使っての遊びも取り入れました。
　そのような指導のための基礎として、いろいろなリズム楽器を紹介し、各楽器の奏法や扱い方をわかりやすく説明しています。また、世界のさまざまなリズムについても、それらを奏でられるよう、リズムパターンを楽器ごとに楽譜で表しています。
　そして子どもたちが心から喜んで表現することができるように、みんなで合奏（アンサンブル）することの楽しさを実感してもらえるいろいろなリズムアンサンブルや、たくさんの楽器を使っての器楽アンサンブルを用意しています。

　本書は、保育者・教育者を目指す方、保育・教育現場で活躍されている方に、ぜひ読んでいただきたい書です。この本が保育・教育現場で活用され、生き生きとした子どもたちの姿が見られることを楽しみにしております。

（三縄）

序章

子どもと音楽とリズム

子どもとリズム

　〈リズム〉は音楽の基本的要素のひとつです。私たちが保育における音楽表現での〈リズム〉を考えると、リズミカルに歌うこと、手を打ってリズムを感じること、リズムにのって教室内を動くこと、楽器でリズム打ちをすることなどがあります。しかし、〈リズム〉は音楽の中にだけあるものではありません。私たちは、日常の生活の中でもリズミカルに、そしてリズムにのって多くのことを行っています。

　つまり、リズムは日々の生活における様々な動きと深く関わっているのです。子どもたちの生活の中での動きや遊びの中で、無意識に言葉を繰り返したり、体を動かし遊んでいることが、リズムと関連していることは、多々あるのです。例えば、朝起きてから夜寝るまでの1日の大きなリズム、そして、日常の動作ひとつひとつのリズム、歩行のリズム、言葉のリズム。1人ひとりの子どもたちが生活のリズムを持っています。そのようなリズムと音楽表現のリズムは、全く無関係なのでしょうか。

　子どもの生活全体を大きくとらえることによって音楽のリズムと生活のリズムを全く関連ないと考えるのではなく、むしろ同じように感じ、楽しんでいけたらよいのではないでしょうか。つまり、〈音楽〉と構えるのではなく、自然に日常のリズムを大切に感じながら、〈音楽〉でのリズムも楽しんでいきましょう。

子どもの歌

　ある幼稚園に実習の巡回指導でうかがった時、実習生の教室に入って子どもたちの様子を見せていただいたことがあります。何曲か歌を歌っていたのですが、その歌声はほとんど怒鳴り声に近かったのです。そして、テンポはすべて速め、曲想は全部同じで「元気に！」でした。子どもの歌には、保育者の感性がそのまま出るということを目の当たりにしたのです。

　子どもが歌を歌う時、保育者は「元気に！大きな声で！」ということが多いようです。そういわれると子どもは素直に、大きな声で歌います。

　歌に対する導入、歌詞の意味を説明し、その曲に合うテンポで、強弱をつけ、きれいな声で歌うことによって、子どもたちは気持ちよく歌えます。それには保育者自身がそのような感性を持つことが必要です。

子どもと楽器

　子どもは様々な楽器に非常に興味を示します。例えば、珍しい楽器が置いてあった時、大人だと、どんな風に持つのだろう、どのようにして音を出すのだろうと考えてしまい、躊躇することもありますが、子どもは考えるより先にいろいろな方法で楽器に親しみ、楽器そのものと音を楽しんでいきます。保育者は、子どもの楽しんでいる様子（発想・表現）を否定しないよう、子どもの持っている興味・感性を大切に育てたいものです。

子どもに向いている打楽器

　基本的には、「楽器の扱い（持ち方・打ち方等）に気をつかわなければならず、音色やリズムを楽しむことができない、余裕がない」楽器は子どもには向かないと思いますが、その他は保育者の工夫で楽しむことができます。

　例えば、タンブリン、すず、カスタネット、トライアングルはほとんどの幼稚園・保育園にあると思います。なぜなら、これらの楽器は簡単に扱えて音も出しやすく、しかも比較的安価で手に入るからです。しかし、この4種類の楽器がすべて同じように子どもに向いている楽器かといえば、そうとはいえない楽器もあります。例えば、トライアングルの持ちにくさ、指にかかる重さ、音を出そうとすると楽器が回ってしまうことによる扱いにくさなどです。とはいえ、何ものにも換えがたいトライアングルの素敵な音は大切にしたいものです。

　では、どのようにしたら子どもは楽しく鳴らすことができるのでしょうか。保育者はその点を考えて楽器を取り扱い、工夫、援助しましょう。

　子どもの体や手の大きさに合うサイズの楽器を選ぶことも大切です。また、様々な撥（ばち）（スティック、マレット）で音色の違いを聴くことによって、さらに楽器を楽しむことができます。

楽器について

　簡易リズム楽器は、粗雑に扱われることが多いように思います。子どもが音楽表現するうえでそれは、大きな間違いです。

　どんな楽器でも、持ち方、打ち方、打つ場所によって音に変化があり、強い音、弱い音、うるさい音、きれいな音、やさしい音があります。子どもがそれに気がつくこと、自分もやってみようとする意欲が大事なのです。そのためには、保育者の感性も高め、普段の保育の中でも「音」への気づきを大切にしたいものです。

子どもに対する器楽指導の注意

楽器の持ち方について

- リズムを打つのは、利き手（右手が多い）でするほうがやりやすく、うまくいくことが多いようです。すなわち、楽器は反対の手（左手が多い）で持ちます。
- 皆さんは歯磨きをする時、どちらの手でしますか？　多くの人が利き手でするでしょう。試しに反対の手ですると、うまくいかなかったり、時間がかかったりします。楽器の場合は、日常生活の中で毎日のようにやっている行為ではないので、子ども自身が、左手ではやりにくいので右手に持ち換えてみようとは思わないでしょう。ですから保育者がこれ（利き手でリズムを打つこと）を基本として指導をしたうえで、臨機応変に子ども1人ひとりの様子を見て援助してください。
- 個々の楽器の持ち方については、こうでなければならないということよりも、楽器の特質（どんな音がよい音なのか）を考えることが、どのように持ったらよいのかを考える助けとなります。また、幼児の体の大きさ、手の大きさも考慮して対応します。

楽器の打ち方について

- 子どもは楽器を持つといろいろな音を出して楽しみます。その中で保育者は、子どもの表現を見逃さないようにしましょう。子どもの自由な発想から出る音に耳を傾け、大切にすることから子どもの表現力が育っていきます。
- 打楽器を打つ時は、手首のスナップが大切です。それと共に、予動（打つ１拍前の準備の動き）をしっかり取ることが、リズム打ちの基本となります。そのためには常に体でリズムを感じていることです。

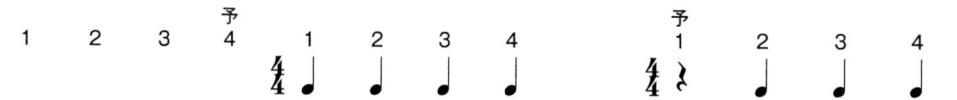

```
1  2  3  予4    1  2  3  4        予1  2  3  4
              4/4 ♩ ♩ ♩ ♩      4/4 𝄽 ♩ ♩ ♩
```

- 楽器のどの部分を打つかによって、音の種類が違ってきます。皮の張ってある太鼓類やタンブリン等は、強い音は真ん中で、弱い音は枠に近いところを打つとよい音が得られやすいです。しかし、いずれの場合もこの場所と決めつけることや、無意識に打つことは避け、いろいろ打って試し、音を聴いてみましょう。

保育者に求められる音楽的な力

　保育者は子どもにとって魅力的であり、憧れであって、真似をしたいと思われる人的環境であって欲しいものです。音や動きの表現に対する豊かな感性を持っていることが、保育の場で求められるのです。

　感性は外からの刺激を感覚的に受け止めると考えられますが、単に感覚的にとらえるだけではなく、そこには知識の裏づけがあって成り立っていきます。例えば、子どもが教室に置いてあった空き箱を手でたたいて遊んでいました。次第にリズムが生まれ周りの子どもたちも体を動かしながら楽しんでいます。保育者も手拍子で一緒に楽しみました。楽しむだけならこれで終わってしまいますが、保育者はさらに次のような投げかけをしていきます。

　「みんなは床を手で、こんな風にたたいてみようよ」。そうするとアンサンブルになります。また、それにもっとリズムが重なっていくかもしれません。しかし、保育者が始まりの空き箱のリズムを感覚的にしか捉えられなければ、その先の保育者の援助は難しいものになってしまいます。

　〈まねっこリズム〉は、３歳児でも楽しむことができます。しかし、保育者がリズムを感覚的に打つだけではなく、今打っているリズムを頭の中で音符にして、どのように合図をしたら子どもは入りやすいのか（拍子感）、テンポは妥当かなど、理論的な裏づけがあってこそ、子どもたちがリズムを楽しむことができるのです。反対に言えば、適当に感覚的、表面的にすると、子どもは混乱し、楽しむことができません。

　このように、保育者に求められる音楽的な力とは、音楽的知識を伴った豊かな感性を持つことといえるでしょう。そして子どもと一緒に保育者自身も表現を楽しむよう心がけましょう。

（高倉）

第1章
リズムで遊ぼう

1. 言葉遊びで楽しいリズム

① みんなであいさつ

　子どもの感性を豊かにするといわれている〈音楽〉。音楽の表現方法には、さまざまな手段があります。楽器を持たなくても、歌わなくても、音楽は表現できるはず。手拍子、足拍子…。さあ、自分の体を楽器にしてみましょう。

　手拍子（ハンドクラップ）であいさつしてみましょう。みんなの気持ちがひとつになって、リズムが合うといいですね。　　　　　　　　　　　　　　　　　　　　（木許）

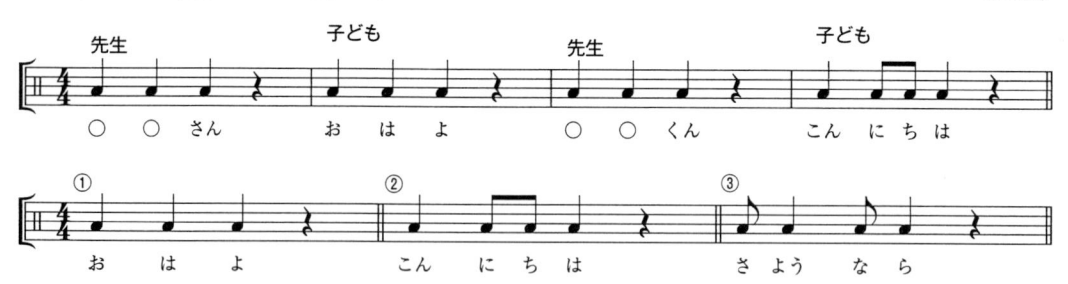

② お名前リズム遊び

- 保育者はゆっくり手を打ちます。
- 子どもはそれに合わせて順番に名前を言います。
- 慣れてきたら、速度を変えてみます。
- 強弱をつけて元気に名前を言ったり、小さな声で言ったりします。

3文字　　あき／やす
　　　　　こ／お
2文字　　みゆ／み
　　　　　お／み
4文字　　たけ／しゅん
　　　　　ひろ／すけ

気をつけましょう！

- クラスの1人ひとりが、止まらないで名前を言えることがポイントです。
- リズムを体で感じながら、名前を言いましょう。
- いつも手をたたくのではなく、いろいろな楽器を使ってその音を聴き、興味を持つよう工夫します（タンブリン、カスタネット、ウッドブロック、木魚、太鼓など）。　（高倉）

③ 言葉のリズム遊び

- 『お化けなんてないさ』をみんなで歌います。その時、下のリズムを手で打ち、リズムを体で感じながら歌います。手だけではなく、ひざ、机の上、床、いろいろな打楽器でもやってみましょう。

- 「おばけ」は何文字でできているか、子どもたちに問いかけます。
- 子どもたちに、その他の3文字でできている言葉を、思いつくままに言ってもらいます。
  例：いちご、バナナ、メロン、ポテト、とけい、くるま、パンダ、キリンなど。
- その中の1つの言葉を選び、全員で間をあけずに言葉をつなげていきます。
  例：ポテト

  子どもは軽く♪♪♪と手を打ちながらリズムを感じ、自分に回ってきたら「ポテト」と言います。

  保育者は初め、♪♪♪ に合わせて、打楽器を打ちましょう（①）。
  慣れてきたら、1拍目の頭の部分だけを打ちましょう（②）。

  Aちゃん Bちゃん Cちゃん Dちゃん Eちゃん Fちゃん Gちゃん
  子ども　ポテト ポテト ポテト ポテト ポテト ポテト ポテト

  保育者 ①
  　　　②

> 気をつけましょう！

- ゆっくり始めましょう。慣れてきたら少しずつ速くすることもできます。
- ♪♪♪ とならないようにします。
- これは、3連符を感じる遊びなので、3文字の言葉1つひとつが同じ長さです。
- 止まらないで、リズムを回していきます。
  子どもは自分の番でない時でも、常に♪♪♪のリズムを感じていることが大事です。

- 次のステップとしては、他の3文字の言葉に替えてみます。
  子どもが好きな言葉（それぞれ違う言葉）で言えるように、発展させることができます。

（高倉）

④ おしゃべりドラム1
ミックスジュース・ゲーム

みんなが大好きなくだものの中にも、楽しいリズムがたくさんあるよ。

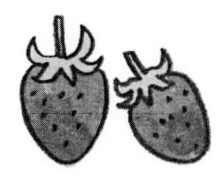

こうすれば、みんなが苦手だなと思っている3連符もマスターできるね。

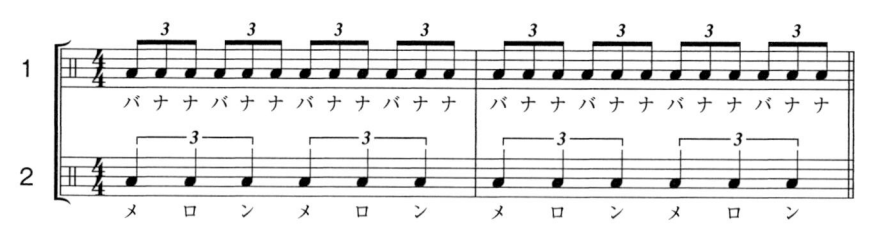

3/4拍子と6/8拍子の区別も、これでバッチリだね。

（木許）

『じゃんけんゲーム』　木許 隆・作曲

⑤おしゃべりドラム２
ヴォイスパーカッション

いろんな楽器の音をまねして口ずさんでみましょう。
シンバルなら「チッ」「シャン」、スネアドラム（小太鼓）なら「パッ」「ポン」、バスドラム（大太鼓）なら「ドゥン」「ドン」など…。音は無限大につくれそうですね。　　（木許）

8ビート

1　チ チ チ チ チ チ チ チ　チ チ チ チ チ チ チ チ
2　　　パッ　　　パッ　　　パッ　　　パッ
3　ドゥン ドゥン ドゥン ドゥン　ドゥン ドゥン ドゥン ドゥン

サンバ

1　チ キ チ キ チ キ チ キ チ キ チ キ チ キ チ キ
2　カン カン コン　カ カン カコン コン
3　ドン スト ドン　ドン スト ドン

1　チ キ チ キ チ キ チ キ チ キ チ キ チ キ　チ キ チ キ チ キ チ キ
2　カン カン コン　カ カン カコン コン　カン カン コ カン カコン
3　ドン スト ドン　ドン スト ドン　ドン スト ドン ドン ドン

⑥ 速さのまねっこ遊び

- 一定の速さを提示し、その速さをまねして1人ずつ順番に手を打ち、次の人に回していきます。
- みんなで立って、輪になります。
- 力を抜いて、両足を少し広げゆったりとします。
- 保育者が速さを提示します。

初めは4つ

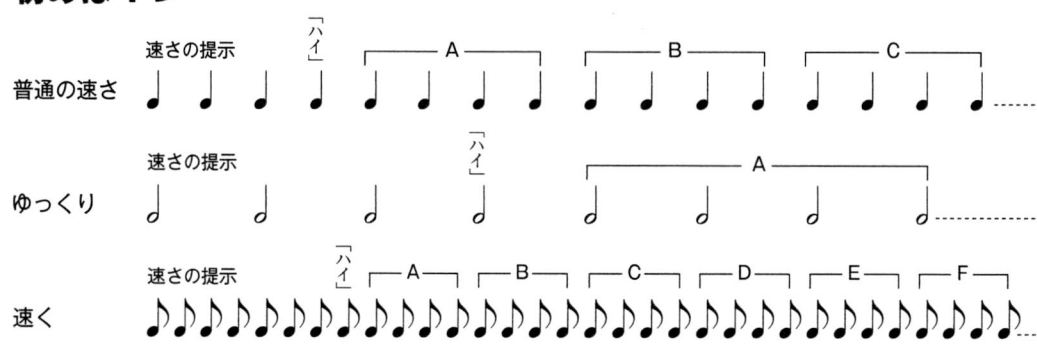

次は2つ

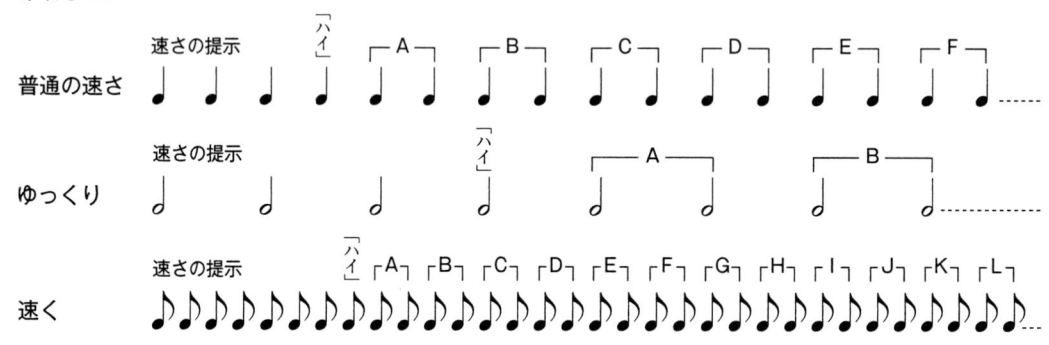

それでは1つです

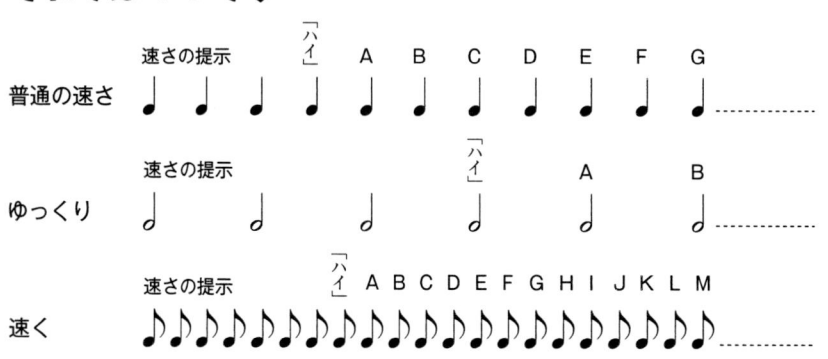

第1章◎リズムで遊ぼう

> **気をつけましょう！**

- 全員が、速さを五感で感じることが大事です。
- 速さをまねっこして伝えていくには、手だけではなく体全体（肩、腕、背中、手首、腰、ひざなど）で感じ、表現しましょう。
- 初めは保育者が速さの提示をしますが、慣れてきたら、子どもが好きな速さでするのもいいですね。
- 参加している全員が、自分の打つ時だけではなく、速さを回しているあいだ中、五感を集中してそれを感じることによって、集中力・注意力・表現力につながります。（高倉）

⑦まねっこリズム

リーダーがたたく手拍子のリズムをみんなでまねっこしてみましょう。　　　　　　（木許）

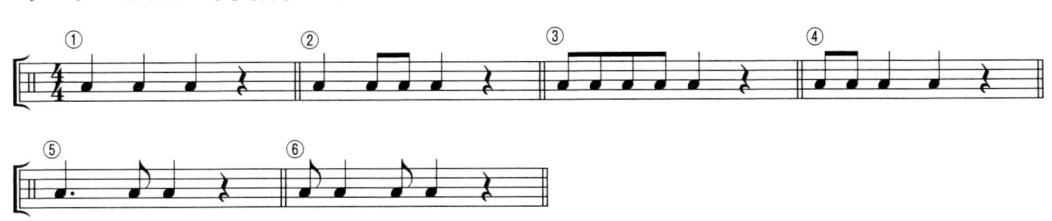

2. ボディーパーカッションを楽しもう

① 人間ドラム１
手拍子＆足踏み

足踏み１、２、３…
手拍子に足踏みを入れて、バリエーションを増やしていこう。

さぁ、行進だ
両足を使って行進してみよう。足は左足から動かしていくよ。

踊ってみよう
3拍子のワルツで踊ってみよう。

どんな音がするかな
手拍子以外に、体のいろんな部分を打ってみよう。胸、おなか、ひざ、おしりなど、どんな音がするかな。打ち方も工夫して、自分だけのオリジナルリズムをたくさん作ってみよう。　　　　　　　　　　　　　　（木許）

第1章◎リズムで遊ぼう

②人間ドラム２
ボディーパーカッション

手、足、ひざを使って、いろんなリズムにチャレンジしてみよう。手順を守ってリズムをきざむようにしましょう。

マーチ

ワルツ
R：右手・右足、L：左手・左足
R L R L

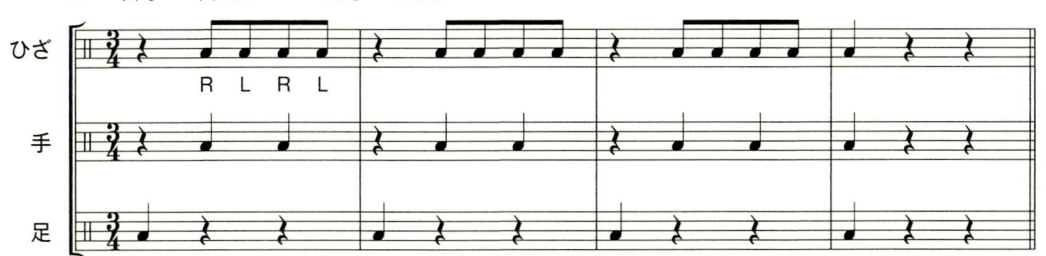

ロック
R L R L R L R L

足の部分をすべて４分音符に変えると、４ビートになるよ。

音頭

ボサノバ

サンバ

いろんなリズムを、みんなのよく知っている歌に合わせて打ってみよう。
ワンランク上の音楽を表現し、楽しむことができるよ。　　　　（木許）

③ボディーパーカッションを取り入れた
　アンサンブル

『世界中の子どもたちが』　新沢としひこ・作詞／中川ひろたか・作曲

1. せかい じゅう の こども たち が いちど に わらった ら そらも
   じゅう の こども たち が いちど に な ー いた ら そらも
   じゅう の こども たち が いちど に う たった ら そらも

　わ らう だ ろ う ラララ う みも わら う だろう　2. せかい
　な ー た く だ だ ろ ろ う ラララ う みも なく う だ
　う た う だ だ ろ ろ う ラララ う みも うた う だ

2. う　3. ひろげ よう ぼくら の ゆめ を とどけ よう ぼくら の こえ を さかせ

　よう ぼくら の はな を せかい に にじ を かけ よう　4. せかい
　ろう

- フレーズを感じながらボディーパーカッションで遊びましょう。
- 保育者が２小節ごと（♩×８）にボディーパーカッションで打つ場所を変えていきます。

ひざ　　　　　　　　　　　おなか
せかい じゅう の こども たち が いちど に わらった ら そらも

肩　　　　　　　　　　　　手
わ らう だ ろ う ラララ う みも わら う だろう せかい

これによっていろいろな音を聴くと共に、フレーズ（まとまり、区切り）感を体で感じることができます。

- 子どもを２〜４のグループに分けます。
- 保育者は一緒に手を打ちながら、２小節ごと（♩×８）に手を打つグループを指していきます。

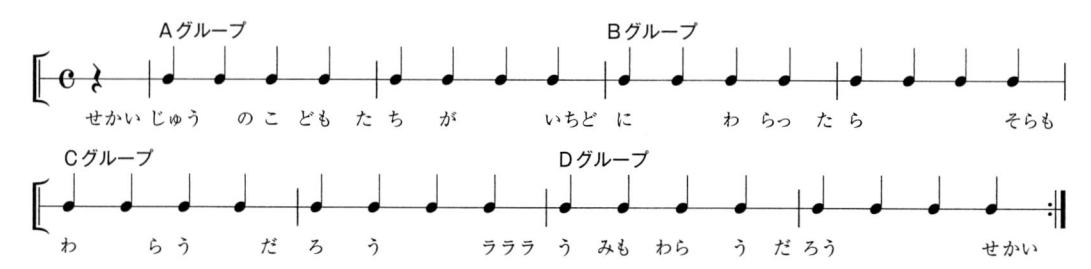

Aグループ			Bグループ	
せかい じゅう のこ ども たち が	いちど に	わ らっ たら	そらも

Cグループ		Dグループ	
わ らう だ ろう	ラララ うみも わら う だろう	せかい

　子どもはいつ自分たちの番になるか分からないので、集中し、リズムを感じています。この他、グループごとにボディーパーカッションで打つ場所を変えてもよいですね。各グループ、２グループ一緒、全員で、と変化させてもよいでしょう。　　　　　　　（高倉）

3. 楽器でリズムを遊ぼう

① リズム・アンサンブルで遊ぼう

　「リズム・アンサンブルをつくるなんて、とても難しくて無理」と思っていませんか？こんな風に楽しんでみましょう。

ステップ①　クラス（グループ）全員が、4拍子1小節（♩×4）分のリズム・パターンを5種類作りましょう。作ったリズムを打ってみましょう。初めに全員で、次に1人ずつ。自分の作ったリズムを体で感じることが大事です。

ステップ②　5種類のリズム・パターンの中から好きなものを2つ選び、つなげます。4拍子2小節のリズム・フレーズ（まとまり）ができたら、その2小節のリズム・フレーズを打ってみましょう。

ステップ③　2人組を作ります。自分（A）と友だち（B）それぞれが作った2小節のリズム・フレーズを合わせて、下の楽譜のように書きます。

　これでリズム・アンサンブルができました。まず各パートを、次に2人でそれぞれのパートを打ってみましょう。

ステップ④　どんなリズム・アンサンブルでしたか？　アンサンブルとして、楽しく、おもしろいのはどんなリズムでしょう。AとBが同じリズムの動きだと、1つのリズムのように聞こえてしまいます。アンサンブルなのですから、2つのパートのリズムを生かしましょう。では、今のリズム・アンサンブルを自分たちで工夫して直してみましょう。

ステップ⑤　繰り返しをします。4小節のリズム・アンサンブルができました。4小節目は、まとまり感を感じるようにすると、さらによくなります。

ステップ⑥　ボディーパーカッションで表現します。ボディーパーカッションは、体のさまざまな部分の音の違いと、体全体で楽しく表現することに注意しましょう。もちろん、顔の表情も大切です。

> 気をつけましょう！

　リズム・アンサンブルは、難しいリズムの組み合わせだと考えるのではなく、簡単なリズムでも、いつも同じ音が鳴るのではなく、休符（音のないリズム）を組み合わせ、強弱を表現することによって、楽しいアンサンブルに変身します。　　　　　　　　　　　（高倉）

②紙コップでリズム楽譜を作ろう

リズム楽譜を紙コップで作って遊びましょう。

（用意するもの）
- 白い紙コップ8×4＝32個（最大）、色つき紙コップを2×4＝8個

（準備）
- 配置は、全員に見えるよう半円形またはコの字形に並び、リーダーは中央に立つ。
- 白い紙コップ8個、色つき紙コップ2個、計10個の紙コップを4人の子どもに渡す。
- 渡された人は、リーダーの指示（下記）に従い、みんなの見えるように紙コップを置く。

（楽譜の作り方）
- 白い紙コップ4個を置く。リーダーは、ゆっくりしたテンポで〈1・2・3・4〉と号令をかけ、右端（見る側からは左端）から順番に紙コップを指さす。同時に全員で、手でたたいてみましょう。
- 次に白い紙コップ8個を置き、上記と同じように、リーダーの指さしたリズムを手でたたいてみましょう。
- 紙コップをもらった4人は、色つき紙コップ1個を好きなところにかぶせます。色つき紙コップをアクセントにしてたたいてみましょう。慣れてきたら2個目に挑戦しましょう。

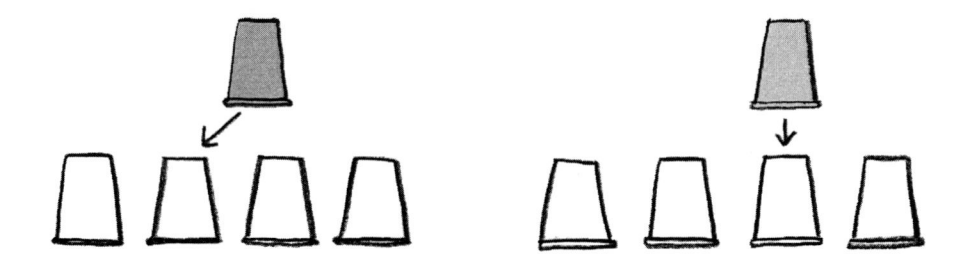

（バリエーション）
① 別の色つき紙コップ（2種類目）を用意して、休拍にしてみましょう。
② 3拍子は3個、5拍子は5個、6拍子は6個の紙コップを用意し、上記と同じようにリズム遊びをしてみましょう。
③ 慣れてきたら少しテンポを速くしたり、楽器でたたいたりしてみましょう。　　　　（高橋）

③楽器の音色を楽しもう

1. グー・チョキ・パー遊び

（用意する楽器）

- 皮の楽器（太鼓類）：太鼓、タンブリンなど
- 木の楽器：カスタネット、クラベス、木琴など
- 金属の楽器：トライアングル、すず、カウベル、鉄琴など

（遊び方）

①リーダーは、じゃんけんのルールを次のように決めます。

（例）グー　：金属の楽器
　　　チョキ：木の楽器
　　　パー　：皮の楽器（太鼓類）

②リーダーは、じゃんけんの形（グー・チョキ・パー）をみんなが見えるように頭上で示します。示された形の楽器の人は、その間、音を出し続けます。

③慣れてきたら片手だけでなく、両手を使って遊んでみましょう。

④リーダーの手の高さで、音の大きさを変えてみましょう（高い：フォルテ、低い：ピアノ）。

（バリエーション）

　音の出るもの（石、空き缶、ペットボトル、棒切れなど）を探し、上記と同じようにルール（材質で分類。振る・こする・たたくなど）を工夫して遊んでみましょう。

2. マットで楽器遊び

（用意するもの）

- 色違いの3色（赤、青、黄など、色は何色でもよい）のマット（直径30cm程度、丸でも四角でもよい）
- 打楽器（太鼓、タンブリン、カスタネット、クラベス、木琴、すず、鉄琴など）

- 遊び方
  - みんなは円形・半円形またはコの字形をとり、リーダーはその中央に立ちます。3色マットを重ならないように置きましょう。
  - 3色のマット（赤、青、黄）のルールを下記のように決めます。
    （例）赤：皮の楽器（太鼓類）、青：金属の楽器、黄：木の楽器
  - リーダーは1つのマットに乗る。マットに乗っている間は、ルールで決めた楽器の音を出し続け、マットから降りた時は音を止めます。
  - 慣れてきたらマットからマットへ飛び移りましょう。異なる楽器の音色を楽しみましょう。また、慣れてきたら両足を使って2つの楽器の組み合わせを楽しみましょう。
  - リーダーは、足を乗せるふりをしてフェイントをかけたり、また、踊ったりして遊んでみましょう。

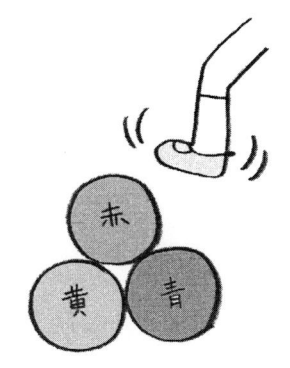

- バリエーション
  - 4つのマットを用意し、シェーカーなどの音も加え、音遊びを工夫してみましょう。
  - 音の出るもの（石、空き缶、棒切れ、木の枝など）を探し、上記と同じようにルール（音の材質・音の出し方で分別）を決め、工夫して遊んでみましょう。

3. 子どもの歌と楽器遊び

- 用意するもの
  - 打楽器（太鼓、タンブリン、カスタネット、クラベス、すず、シェーカーなど）

- 知っている曲を用意する（例：『いぬのおまわりさん』佐藤義美・作詞／大中恩・作曲）

- 遊び方
  - 子どもの歌を用意し、歌いましょう。（『いぬのおまわりさん』）
  - リーダーは楽器を、皮をはった楽器・木の楽器・振って音を出す楽器の3種類に分け、子どもに1つずつ楽器を渡します。楽器の説明をして音を出してみましょう。

(例) 皮の楽器（太鼓類）：太鼓、タンブリンなど
　　　 木の楽器：カスタネット、クラベスなど
　　　 振って音を出す楽器：すず、シェーカーなど

- 歌いながらみんなで合奏しましょう。リーダーは、歌に合わせ楽器のリズムを創作してみんなに示しましょう（リーダーの指示は、楽器をたたくまねや、23ページのじゃんけんで楽器を示す方法などがあります。工夫してみましょう）。
- 慣れてきたらピアノ伴奏を加えてもよいでしょう。

『いぬのおまわりさん』　佐藤義美・作詞／大中 恩・作曲

（木の楽器）
まいごのまいごの　こねこちゃん　あなたのおうちは　どこですか　おう

（振って音を出す楽器）
ち　をきいても　わからない　なまえ　をきいても　わからない

（木の楽器）　　　　　　　　　　　（振って音を出す楽器）
ニャン ニャン ニャン ニャーン　ニャン ニャン ニャン ニャーン　ないてばかりいる　こねこちゃん

（木の楽器）　　　　　　　　　　　（太鼓類）
いぬの　おまわりさん　こまって しまって　ワン ワン ワン ワーン　ワン ワン ワン ワーン

> **ワンポイント**
> 楽器の分別は、楽器の材質、音の出し方、音量などを考えて選択しましょう。また、歌の歌詞やメロディの特徴をとらえて、適した楽器を選びましょう。　　　　　（高橋）

④即興リズムを作ろう

いきなりの即興はダメ！　リズムは私たちの生活から生まれています。身の周りのものをリズムにしてみましょう。

1. リズムを作ろう
　　　（手または楽器を使ってリズムをたたいてみましょう）

①言葉からリズムを作ろう
- 単語のリズム：かき（♩♩）・みかん（♫♩・♪♪♪）・グローブ（♪♩♪）
- くだもの、花、その場所から見えるもの、駅名など、何でもリズムにしてみよう。

②聞こえる音をリズムにしよう
- 救急車：ピーポーピーポー（♩♩♩♩）、電車：ガタン・ゴトン（♫♩♫♩）、車：ブブー（♩♩）、雨：ポツン・ポツン（♩♩）、ザーザー（𝄽𝄽）、鳥：ちゅんちゅん（♩♩）ホーホケキョ（♩♫♪）など

③動きからリズムを作ろう
- あかちゃん：よちよち（♫♫）、馬：パッカパッカ（♫♫）、はな：ゆーらゆら（♩♫♩）、ぶらんこ：ブーランコ ブーランコ（♩ ♫♩ ♩ ♫♩ 𝄽）

④しりとり遊びでリズムを作ろう（円形）
　例：いす（♩♩）→スカート（♩♩ ♪）→トマト（♩♩♩）→？？？

＊（　）内はあくまで、創作リズムの一例です。リズムは、テンポや表現方法によっても変わってきます。自由な表現でリズムを作ってみましょう。

2. リズムでお話しよう！

　私たちは、普段から会話は即興的に行っています。会話と同じようにリズムでお話してみましょう。

（まねっこリズム）

　リーダー（R）は、リズムを示す（1小節または2小節）。そのリズムをみんなでまねる（p.14参照）。

（応答リズム）

　リズムの応答（問答）遊びをしましょう。リーダーは、先に問いのリズムをたたく、後から子どもが答のリズムをたたくようにします（子どもたちのリズムは短いものも長いものもあるが、拍子が合わないからといって間違いとはしない）。

（ワンポイント）

　アフリカの音楽は、会話のようにコール・アンド・レスポンス（応答）を基本に成り立っていて、コミュニケーションの音楽を作っています。

3. いろいろな楽器の音を〈ことば〉にしてみよう

　和太鼓もアフリカの太鼓も、口ずさんでその音を表します（唱歌と言います）。楽器の音を言葉に置き換え、歌唱してみましょう。リズム楽譜も言葉にしてみましょう（p.10～15「言葉遊びで楽しいリズム」、p.70～71「やさしいリズム・トレーニング」参照）。

（例）和太鼓：ドンドン　カカカ（ドン〔皮を叩く〕、カ〔枠打ち〕）
　　　タンブリン：パンパン　シャー（パン〔皮を叩く〕、シャー〔振る〕）
　　　トライアングル：チーン　チーン　チリチリチリチリ（チーン〔叩く〕、チリチリ〔トレモロ〕）

(高橋)

⑤ ドラムサークルで楽器遊びをしよう！

1. ドラムサークルとは

　ドラムサークルは、文字どおりサークル（輪）になり、ファシリテーター（＝リーダー）と共に全員で即興の音楽作りをしていきます。楽器は、一般的にはアフリカの太鼓ジャンベ、アシーコ、サンバのスルドなどの楽器を使うことが多いですが、楽器はたたけるもの、打楽器であれば何でもいいのです。

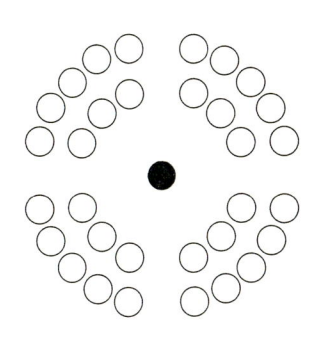

配置
左記のように円形にイスを並べる。
（縦と横、十字に人が通れるようイスを配置）

楽器の種類
- 皮の楽器：太鼓、タンブリンなど
- 木の楽器：カスタネット、クラベスなど
- 金属の楽器：すず、カウベル、アゴゴベルなど
- 振って音を出す：シェーカー、マラカスなど

ファシリテーターってなに？
　指揮者の役目ですが、ドラムサークルでは、音楽を案内するガイド役。みんなで作る音楽を手助けし、体全体で音楽を感じ取り、音楽を変化（例：音の大小、テンポの速さ、リズムを変えるなど）させ、即興で音遊びを行っていきます。

ファシリテーターのサイン
①始める（ゴーサイン）：手を上にあげ、指で〈1・2・3・4〉と言葉と手の合図で全員に分かるように示します。

②止める（ストップサイン・カットアンドゴーサイン）：ストップサインは、始める時と反対に〈4・3・2・1〉ストップとカウントを取り、言葉や手のサイン（両手を胸の前で×印のように組み、ハの字に動かす）で示しカットの動作を行います。また、カットアンドゴーサインのように再び演奏を続けたい時には、休みの間みんなに分かるように体でリズムを取り、再び〈1・2・3・4〉とゴーサインを出して演奏を始めます。

③演奏を続けるサイン：胸のあたりで両腕をぐるぐる回す。
④クレシェンドのサイン：手のひらを上に向け、腕を下からゆっくり上げる。
⑤デクレシェンドのサイン：手のひらを下に向け、腕を上から下へ下げる。
⑥テンポのサイン：歩く速さでテンポを示したり、手をたたきながらテンポを取る。

クレシェンド

(ワンポイント)

　ファシリテーターは、リズムを感じ、体全体（手、足、動きなど）で表現しましょう。踊ってもよいでしょう。リズム、音楽にのること。つまりボディーランゲージが大事です。また、サインはみんなに分かりやすい方法を考えましょう。

2. ドラムサークルの実践

(予備練習)

- 手始めにファシリテーターのたたくリズムをまねてみましょう（まねっこリズム）。
- 大太鼓（スルド）などの楽器で基本リズムを作ります。基本のリズムを土台として、1人ずつ即興リズムを作っていきましょう。

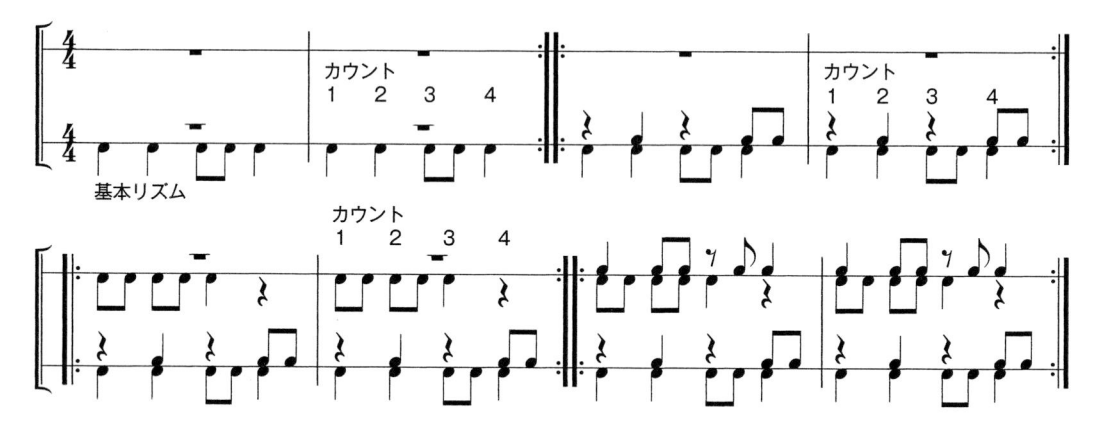

＊あくまでも上記の楽譜は一例です。基本リズムを変え、即興リズムを作りましょう。
＊また、第3章「世界のリズムを楽しもう」に掲載されているさまざまなリズムの例をたたいてもよいでしょう。

(実践編)

①ファシリテーターは、全員を見回し、楽器を持っていることを確認しましょう。
②基本リズムをたたいてもらう。基本リズムの楽器は何の楽器でもよい。しかし一般的には、大太鼓・カウベル・スルドなどの楽器がよいと思われます。
③ファシリテーターは、基本リズムの上に〈1・2・3・4〉とカウントを取り、みんなに合図を送ります。演奏者は、即興リズム（ポリリズム）を作って演奏してみましょう。
④演奏を終わらせる場合、ファシリテーターは、カットサインを出し、〈4・3・2・1〉「ス

トップ！」と逆にカウントを取り、演奏を止めます。数秒間踊りながらリズムを取り続け、再び〈1・2・3・4〉とカウントを数え、演奏を再開してみましょう（リーダーはクレシェンドやデクレシェンド、テンポの速さなども変化させてみましょう）。

⑤たたいている人の一部だけに演奏を続けさせるセクション分けのサイン（手でその範囲を示す）を出し、他の演奏者は演奏をカットする。たたいている人の演奏をよく聞いてみましょう（その演奏に対し拍手で健闘をたたえましょう！）。

⑥再びカウントを取り、ゴーサインを出し全員で演奏しましょう。

⑦ストップサインを出し、演奏を終わらせましょう。

＊ファシリテーターは、いろいろな音楽の遊びを考えてください。

＊ドラムサークルに慣れてきたら、交代でファシリテーターを体験しよう。

　ワンポイント

　即興リズムは、他の人の音やリズムをよく聞くことが大切です。音のコミュニケーションを大切にしましょう！　リズムにのれるように体を動かしてボディーランゲージを試みることも大事です！　またドラムサークルは、主に音楽を楽しむことを目的とし、社会のコミュニティーづくりや音楽療法としても活用されています。

　ドラムサークルに関する参考資料

『ドラムサークル・スピリット』（アーサー・ハル著、エー・ティー・エヌ）

『アート・アンド・ハート・オブ・ドラムサークル』（クリスティーン・スティーヴンス著、エー・ティー・エヌ）

『ドラム・サークル』（チェロエデュアル／フランク・クモール著、エー・ティー・エヌ）

『ペッカーのドラムサークル』（ペッカー著、ヤマハミュージックメディア）　　　（高橋）

⑥短時間で打楽器パレードを作ろう！

　パレードといっても鼓笛隊やマーチングのパレードではありません。サンバのように踊りながら自由に演奏し、自分たちも楽しむパレードです。楽器は、動いて演奏ができる打楽器を使いましょう。

> 予備練習

- ドラムサークルと同じように即興リズム（ポリリズム）ができるように練習してみましょう（基本リズムから楽器の各パートのリズムを作ってみよう）。
- そのリズムに合わせ、踊りながら自由に動いてみましょう。

> リーダーの笛の合図

リーダーはあらかじめ笛の合図（リズム）を決めておきましょう。

①演奏開始と演奏の終わりの笛の合図：初めにピーと長く笛を吹く（注目しましょうという合図）。その後、笛で開始のリズムを吹く。みんなで同じリズムを３回繰り返します。

例－１

②演奏の中間の合図：演奏開始の合図と同じように笛を吹き、みんなで同じリズムを３回繰り返します。中間の笛のリズムは、拍子を変えず即興でリズムを作ってみましょう。

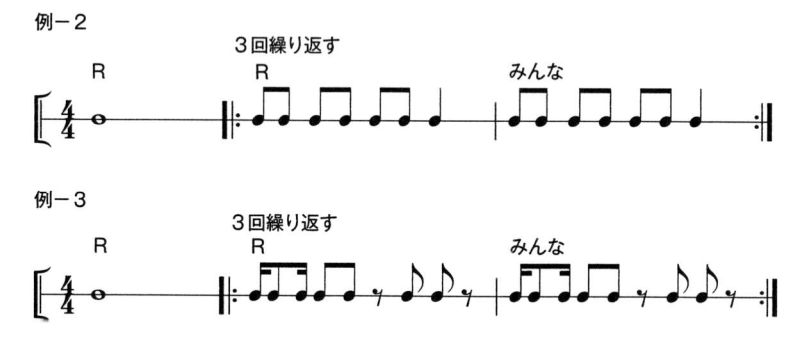

例－２

例－３

> パレード実践編

- 演奏開始の笛、（例１）のリズムを吹く。笛と同じリズムをみんなで３回繰り返し、予備練習したリズム（ポリリズム）を演奏する（数分間）。
- 中間の合図、（例２）の笛を吹く。笛と同じリズムをみんなで３回繰り返し、予備練習したリズム（ポリリズム）を再び演奏する（数分間）。
- 中間の合図、（例３）の笛を吹く。笛と同じリズムをみんなで３回繰り返し、予備練習したリズム（ポリリズム）を再び演奏する（数分間）。
- 演奏終了の笛、（例１）を吹く。笛と同じリズムをみんなで４回繰り返し演奏を終わる。

第1章◎リズムで遊ぼう

> ワンポイント

＊ペットボトルや空き缶などを用いても面白いと思います。全員の演奏については、自由にリズムを変えて自分たちのパレードを作ってみましょう。　　　　　　　　　（高橋）

⑦身の周りから見つけよう音遊び

　アフリカの人たちは、身の周りのものを工夫して楽器を作っています。ジャンベやアシーコなどのしっかりした打楽器もありますが、音具に近い手作り楽器のようなものが多くあります。

　例えば、カリンバ（指ピアノ）には、西洋の楽器のような透き通った音ではなく、「ジー」という雑音のような音を出すために、アルミを巻いたり、ビール瓶のふたを楽器本体につけるなど、音に対する独自の工夫が見られます。ジャンベという打楽器にも同じような工夫が見られました。私たちの生活の中にも、たたいたり、振ったり、こすったりすると音が出るものが多くあります。面白い音を探したり、作ったりして音遊びをしてみましょう。

（例）
①形の異なるペットボトルは、加工しなくても床をたたくと違った音がします。2つの異なった音でリズム遊びができます。

②缶や瓶、ペットボトルなどを利用し、中にお米、木の実、砂、車の芳香剤などを入れるとシェーカーが作れます。また、瓶のふたなどを集めて紐でつなぐとガラガラの楽器ができます。　　　　　　　　　　　　　　　　　　　　　　　　　　　　　　　（高橋）

⑧民族楽器で遊ぼう

　民族楽器は、諸民族がそれぞれの風土や生活習慣から伝統を生かして作られた楽器です。そこには、人間の知恵が凝縮されています。たとえば、日本の昔から伝わるでんでん太鼓は、音が小さく合奏などには適していないが、子どもをあやしたり、子守歌を歌ったりするには、適量の音と視覚的な工夫があると思えます。

　一方、現在保育現場や小学校の現場で使われている楽器は、合奏のためにある楽器が多いようです。しかしアフリカなどでは、楽器は合奏だけで演奏することは少なく、歌や踊り（ダンス）と一緒に演奏します。また、いろいろな国の民族楽器をみてみると、音の出し方や楽器の形など、よく考えられているものが多く見受けられます。最近では、楽器屋さんが、子どものためにいろいろ工夫をして作っている楽器も多く見られます。おもしろい音や奏法などを考え、民族楽器で遊んでみよう！！

（高橋）

カエル・ブロック　　でんでん太鼓　　鳴子

木の実のがらがら　　ジャンベ　　ラトル（籠のマラカス）

サウンドシェープ　　カリンバ

⑨童謡を楽しもう

『とけいのうた』　筒井敬介・作詞／村上太郎・作曲

コチコチカッチン　おとけいさん　コチコチカッチン　うごいてる
こ　ど　も　の　は　り　と　お　と　な　の　は　り　と
こんにちは　さようなら　コチコチカッチン　さようなら

- **歌を楽しく歌う**

　６月10日は〈時の記念日〉です。短い針と長い針について、時計の種類、時計の役割などについて話をし、『とけいのうた』を歌いましょう。

- **動いて遊ぶ**

「ボーンボーン」
両手を前で合わせ、左右に揺らす。足も左右に重心を換える。

「チクタクチクタク」
両手をパーにし、胸の前で左右に揺らす。足踏み。

「リリリリリリリリ」
両手上に。キラキラさせ、足は細かく♫で踏む。
『とけいのうた』に合わせて、３つのリズムを順番に体で感じる。

- **歩いて遊ぶ**

    『とけいのうた』に合わせて、2小節（♩♩♩♩｜♩♩♩♩で8拍分）、子ども1人ひとりが自由な方向に歩きます。2小節歩いたら向きを変え、さらに2小節で変えるというように、2小節ごとに歩く方向を変え、フレーズ感を育てます。

- **楽器で遊ぶ**

    グループごとに違う楽器（タンブリン、カスタネット、すずなど）を持ちます。保育者の指揮（合図）によって、自分の楽器を鳴らします。2小節（♩♩♩♩｜♩♩♩♩で8拍分）ごとにグループを換えると、分かりやすいでしょう。1グループずつに慣れてきたら、さらに♩．♫のリズムを組み合わせたり、一緒に鳴らします。　　　　　　（高倉）

第2章
楽器でリズムを楽しもう

打楽器の仲間たち

体鳴楽器
楽器そのものが振動して音を出す楽器。

(1) 同じ形のものを打ち合わせる楽器
　　クラッシュシンバル（金属質）、カスタネット（木質）、クラベス（木質）など

(2) バチや手で打ち鳴らす楽器  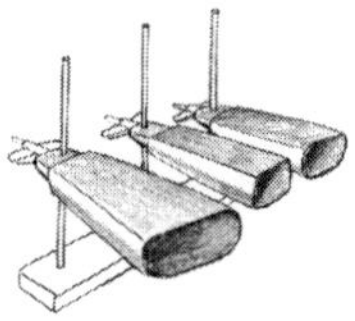 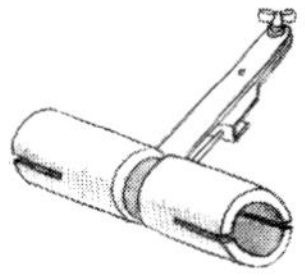
- 音程のない楽器
　人間の体、地面
　金属質：シンバル、トライアングル、ドラ、カウベル、アゴゴベル、ウインドチャイムなど
　木　質：ウッドブロック、テンプルブロックなど
- 音程のある楽器
　金属質：グロッケンシュピール、ヴィブラフォーン、ハンドベル、ウィンドチャイム
　木　質：シロフォン、マリンバ

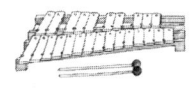

(3) 振って鳴らす楽器
　　金属質：スレイベル、シェーカーなど
　　木　質：マラカスなど

(4) はじいて鳴らす楽器
　　金属質：カリンバなど

(5) ひっかいて鳴らす楽器
　　木　質：ギロ（グィロ）、カバサなど

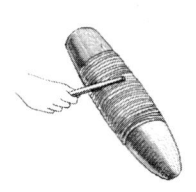

(6) こすって鳴らす楽器
　　鉱物質：グラスハーモニカ

第2章◎楽器でリズムを楽しもう

膜鳴楽器
強く張った膜に振動を与えて音を出す楽器。

 （1）バチや手で打ち鳴らす太鼓
   円筒形：バスドラム、スネアドラムなど

   鍋　形：ティンパニ

   樽　形：ボンゴ、コンガ
   枠　形：タンブリン

 （2）振って鳴らす太鼓
   でんでん太鼓

 （3）こすって鳴らす太鼓
   クイーカ

気鳴楽器
管などに空気を送りこみ、その空気の振動によって音を出す楽器。
   サイレンホイッスル、サイレンホーン、サンバホイッスル、スライドホイッスルなど

電鳴楽器
電気のエネルギーで音を作る楽器。
   シンセサイザードラム、リズムマシン、サイレンなど

効果楽器
動物の鳴き声や、乗り物の警笛、雷の音など、日常生活で聞こえてくるさまざまな音を、自然の音（生の音）に近い状態で表現するための楽器。
   雷の音には、ステンレスやブリキ製の鉄板を用いたり、鳥や猫、犬の鳴き声にも、それぞれ専用の楽器が作られています。

楽器で楽しむリズム　木製の楽器

カスタネット　castanets（英）

　エジプトのクラッパーを起源として、スペインの大きな栗の実、カスターニアで作られていたことから、「小さなカスターニア」という意味で「カスタネット」という名前になりました。スペインや南イタリアの民族舞踊にはタンブリンと共に欠かすことができず、この地方の民族楽器になっています。

演奏方法

　左手の中指（または人さし指）にカスタネットの輪をくぐらせ、手のひらにのせ、右手の指先または手のひらで打ちます。

カスタネットでうまく強弱を付けられるかな。

f（forte フォルテ）：強く　　p（piano ピアノ）：弱く

　オーケストラには今から約100年ぐらい前から加えられ、音量や奏法上のことから、柄付きのカスタネットが使われます。原始的な楽器なので、同じような楽器は世界各地に見られます。日本にも郷土芸能や歌舞伎で用いる「四つ竹」があります。

1ポイントアドバイス

　カスタネットの持ち方は子どもには難しいですね。次のように説明してみましょう。

①カスタネットをひっくり返して、よく見てみましょう。ゴムが結んである方と、1本線になっている方があります。
②右手(利き手)でカスタネットを持ちましょう。左手をパーにして、カスタネットの1本線のほうを上にして乗せます。
③左手のお兄さん指に、カスタネットのゴムの輪を入れます。
④準備オーケーです！

> カスタネットを付ける位置は、中指だけでなく、子どもたちの手の大きさに合わせて、人さし指や親指でもいいよ。

クラベス claves, cuban sticks（英）

南米キューバに起源をもつ円筒形の拍子木で、材質はスネークウッドやローズウッドなどの堅い木を用いて作られています。

演奏方法

左手の指を軽くそろえて丸め、親指の付け根のふくらんだところと4本の指先とで動かない程度に支え持ち、右手でもう1本の根元を軽く持って打ちます。

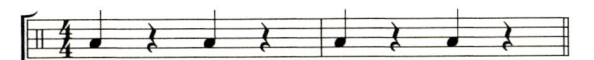

楽器の左右を入れかえて、響きのよい方を探しましょう。

たった2小節だけど、このリズムは多くのキューバ系ラテンリズムや、ラテンアメリカの音楽に影響を与えています。

♪ デュエットアンサンブル（2重奏）してみよう

カスタネットとクラベスは、生まれも育ちも違う楽器だけど、同じ木質の楽器として、楽しいリズムを奏でてくれそうだね。さぁ、どんなアンサンブルになるのでしょうか。

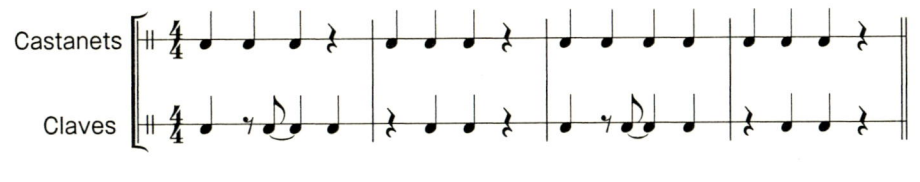

あれ…？ カスタネットのリズムは、どこかで耳にしたことがあるリズムだよ。

ウッドブロック wood block（英）

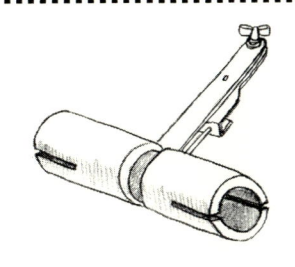

木をくりぬいて、音の響きをよくするためにスリット（割れ目）をつけた楽器で、角形と丸形の2種類があります。角形は長方形で、表面に近いところ（打つ場所）に共鳴させるためのみぞが掘ってあり、丸形は木を丸くくりぬいて両端にみぞを掘り、中央をホルダーで止めています。

> 演奏方法（丸形）

音程の低い方を左側に置くように持ち、硬いマレットやスティックで打ちます。

時計の音をまねて、リズムをきざんでみよう。

馬に乗ったつもりで、歩いたり走ったりしてみよう。

F.グローフェの組曲『グランド・キャニオン』の第3曲「山道を行く」では大活躍します。

マラカス maracas（英）

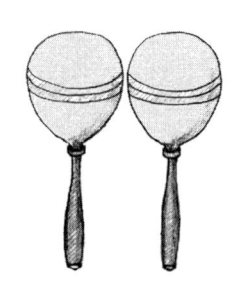

ヴェネズエラで生まれた楽器で、ヤシ科の植物マラカの実を干して、中身を取り除き、種子や小石を入れて、振って音を出す楽器です。2つ1組として、両手に持って演奏されるので、マラカスと複数形で呼ばれています。

> 演奏方法

持ち手の部分を地面と水平に持ち、人さし指を球状部分にそえます。短く音を切る奏法と、腕をまっすぐ下ろして回す、トレモロ奏法があります。右手に音程の低い方を持つようにしましょう。

「チャッ・チャッ」という短い音が出せるかな。

R L R L R L R L　R L R L R

セミの鳴き声を思い出してみよう。

ギロ（グィロ） guiro, gourd（英）

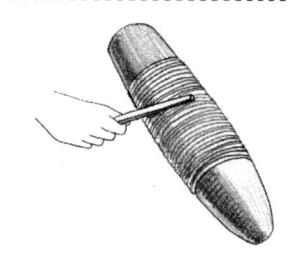

ひょうたんを乾燥させ、中をくりぬいて外側に波状のきざみをつけた楽器。日本では「ギロ」と呼ばれていますが、もともとの発音は「グィロ」に近いものです。ラテンアメリカ音楽に欠かせない楽器であるばかりでなく、現代曲にも使用されています。

第2章◎楽器でリズムを楽しもう

演奏方法

　利き手ではない方に、きざみの部分が上向きになるように持ち、細く削った木や鋼鉄線を3・4本木片に差し込んだものでこすって音を出します。象牙や牛の角を1本の棒にしたものが使われることもあります。

　交互にこすってみよう。

D　U　D　U　　D　U　D

D：ダウンストローク…体に近い方から遠い方へ動かす
U：アップストローク…遠い方から近い方へ動かす

4分音符をどれだけ長く表現できるかな。

F　U U F　U U　F　U U F

F：フルストローク…体に近い方から遠い方へなめらかに動かす

　自然のひょうたんの代わりに、竹や木を加工したものに「レコレコ」があります。ストロークの長さ、強弱を使い分けて、それぞれのジャンルの音楽に合ったフレーズを作ることができます。

♪ トリオアンサンブル（3重奏）してみよう

　ウッドブロック、マラカス、ギロの3種類の楽器が、どんなに楽しいリズムを奏でてくれるのか楽しみだね。

『Three wooden boxes』　木許 隆・作曲

Wood Blocks
Maracas
Guiro

F U U　D

W. Bl.
Mrcs.
Gro.

R L
D U

楽器で楽しむリズム　金属製の楽器

トライアングル triangle（英）

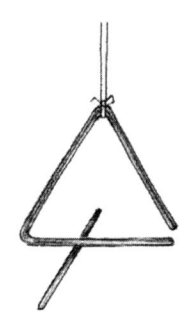

　三角形をしたこの楽器は、ヨーロッパ特有のもので、紀元は1000年前とも500年前ともいわれています。ドイツやイタリアでは、形が似ていることから、乗馬の時に足をかける「あぶみ」と呼ばれていました。また、ブラジル北東地域の舞踏音楽で大きなビーターとトライアングルで一定のパターンを演奏します。

演奏方法

　トライアングルの1角をひもで吊って左手で持ちます。ひもの端を人さし指に巻きつけ、親指で押さえます。ビーターは、右手の親指と人さし指でつまみ、他の指をかるく添えるように持ち、手首を自由に使って打ちます。

　トライアングルの外側を打ちましょう。ビーターを斜めにするとよい音がします。

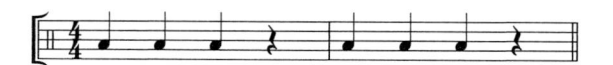

　トライアングルの内側を打ちましょう。手首の力を抜いて。

　リズムマシンにもなります。

＋：クローズ奏法…持っている手で楽器の響きを止める奏法
○：オープン奏法…響きを止めず打つ奏法

　F.リストのピアノ協奏曲第1番終楽章では、この楽器が最初から華やかに活躍するため、『トライアングル協奏曲』という別名もあります。

1ポイントアドバイス

　吊りひもが長すぎると楽器が回ってしまい打ちにくく、短かすぎると指が楽器に触れてしまい響きが悪くなります。吊りひもの長さに注意しましょう。

第2章◎楽器でリズムを楽しもう

すず sleigh bells, jingles（英）

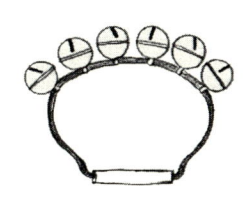

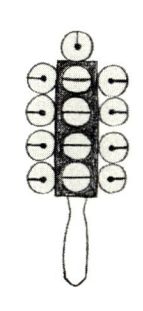

金属製の中空の球に1本の割れ目があり、中に小さい玉が入っているものをいくつか集め、皮のひもや板、棒に取りつけて、振って音を鳴らす楽器です。もともとは、そりをひく動物の首につけていたことから、「そりの鈴」といわれています。

演奏方法

左手で持ち手をにぎり、右手でこぶしを作り、左手の手首を打ちます。楽器を持ち上げて左右に振るトレモロ奏法もあります。

かわいい音が出るかな。

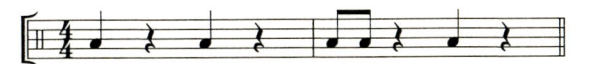

ツブのそろった音になるかな。

たくさんの音を鳴らしてみよう。

W.A. モーツアルトのドイツ舞曲第6番では、「そりに乗って」と書かれ、6つの音程を持ったすずが使われます。

シンバル cymbal（英）

薄い金属製の円盤で、円盤の大きさや厚さ、重さによって音色の違いを出す楽器です。起源は古く紀元前1500年頃の中近東地方と推測され、イスラエルでは、紀元前11世紀頃すでに使われていたといわれています。その後、トルコに渡りヨーロッパ各地に広まりました。語源は、ギリシャ語の「へこみ」を意味する言葉から、ラテン語の「尿はち」（cymbalum）を経てできた言葉です。ドイツ語では「洗面器」（Becken）、イタリア語では「平らなお皿」（piatti）ともいわれ、シンバルを表す言葉には、いくつもの意味が含まれています。

（1）クラッシュ・シンバル

演奏方法

ストラップに手を通し、にぎりこむようにして持ち、互いに打ち合わせます。強奏部では、打ったあと頭上で大きく広げ、弱奏部では、

43

打った後にシンバルを広げないようにします。また、音を止めるときは、両手を胸にひきつけるように止めましょう。

遠くまで音が飛んでいくかな。

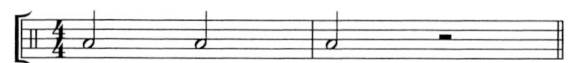

音を止める練習もしてみよう。

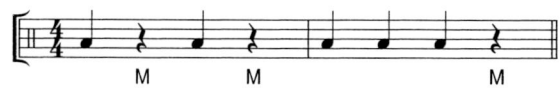

M：マフリング…音を消す・音を止める

ストラップの結び方

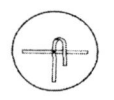

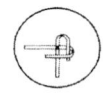

A. ドヴォルザークの交響曲第9番『新世界より』には、第4楽章で1回だけシンバルが出てきます。

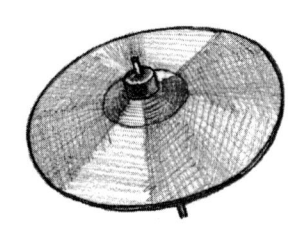

(2) サスペンディッド・シンバル

演奏方法

スタンドに立てられた（吊るされた）シンバルを、柔らかいマレットやスネアドラムのスティックで打ちます。

スティックで強く打ちましょう。

腕の力を抜いて、右手でリズムをきざみましょう。

音を消す（マフリング）時は、左手の指先でシンバルのふちをすばやくつかむようにします。

マレットで表情をつけましょう。

mf（mezzo forte メッゾ・フォルテ）：やや強く、mp（mezzo piano メッゾ・ピアノ）：やや弱く、＜（crescendo クレシェンド）：だんだん強く、＞（decrescendo デクレシェンド）：だんだん弱く

思いっきり盛り上げてみよう。

第2章◎楽器でリズムを楽しもう

(3) ハイ・ハット・シンバル

2枚のシンバルをフットペダルの操作によって打ち合わせる装置を持つ楽器です。1mぐらいの細い管の中にスプリングをともなった軸が内蔵され、フットペダルに連結されており、軸の上の方に2枚のシンバルが水平に取りつけられています。上側のシンバルはフットペダルによって上下する軸に、下側のシンバルは管に固定されています。

演奏方法

上下のシンバルはフットペダルを踏むことによって打ち合わされます。

1ポイントアドバイス

子どもの場合、クラッシュ・シンバルは重さの点から小さいものを選びますが、なかなかよい音が出ません。合奏などではサスペンディド・シンバルが扱いやすく、また効果的な音も得られます。

♪ カルテットアンサンブル（4重奏）してみよう

トライアングル、すず、クラッシュ・シンバル、サスペンディッド・シンバルの4種類の楽器が、どんな風に響き合うのか楽しみだね。

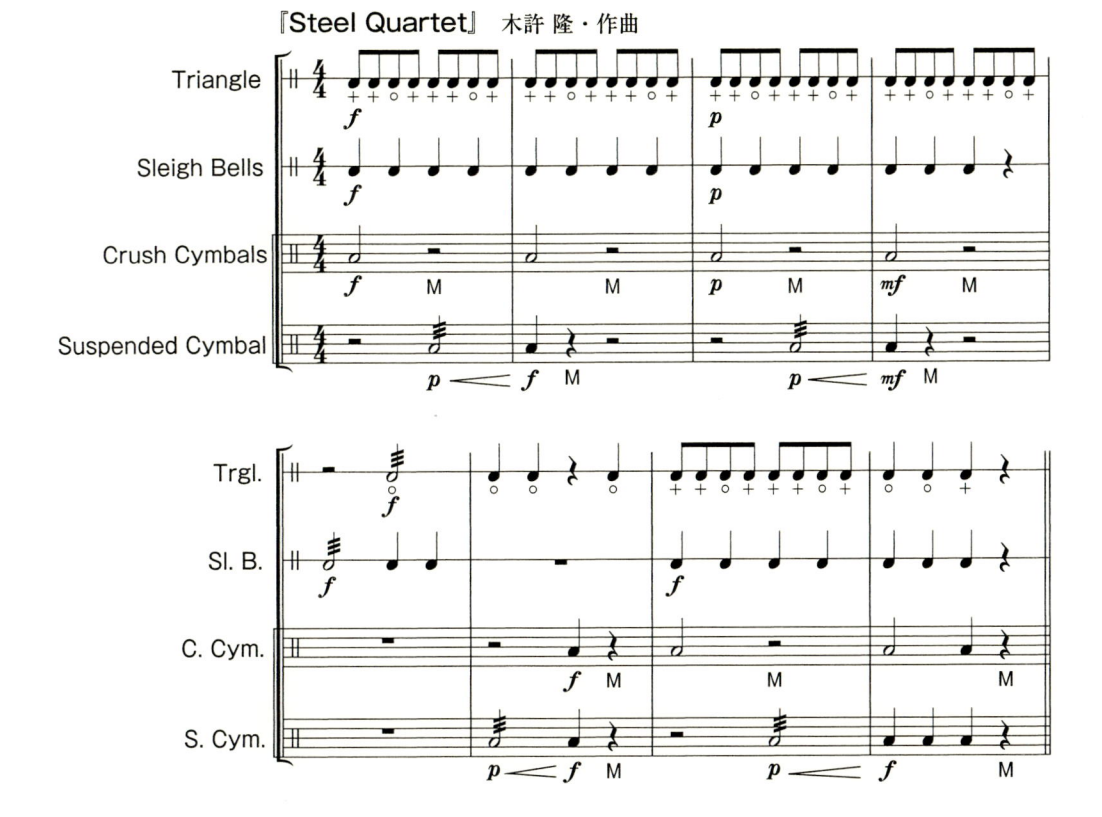

『Steel Quartet』　木許 隆・作曲

アゴゴベル agogo bells, double gongs（英）

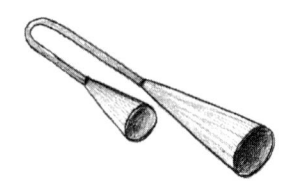

アフリカで 17 世紀頃には作られていた楽器で、もともと象牙や青銅で作られていました。17～18 世紀のベニン王国（アフリカ）では、王室で使われるアゴゴベルを象牙で作り、民衆たちは青銅のアゴゴベルを使って、人々を召集するする時に用いたとされています。現在のアゴゴベルは、演奏しやすいように2つのベルを1本の柄につないだものになっています。

> 演奏方法

左手の親指を小さいベルの上に置き、2つのベルをつなぐ柄の部分に手を沿わせ、スティックでベルの横を打ちます。

2つの響きがきれいに出せるかな。

ちょっと動きをつけてみよう。

本場のサンバのリズムを演奏してみよう。

> ブラジルのサンバやラテンアメリカ系のはなやかな音楽には欠かせないものとなっています。

カウベル cowbell（英）

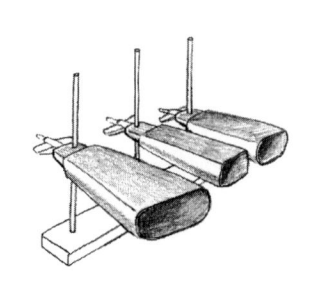

アルプスなどの山岳地帯に遊牧する牛が首につけているベルを楽器用に改良し、ラテンアメリカ（中南米諸国）音楽とともに発達しました。音楽の内容によって、楽器用のものと、家畜用のものとが使い分けられます。

> 演奏方法

ホルダーにつけたり、手に持って、スネアドラムのスティックまたは、クラベスに似た太いスティックでベルの先を打ちます。家畜用のものは、中に玉がぶら下がっているので、振ることによって音が出ます。

まずはテンポキープしましょう。

第2章◎楽器でリズムを楽しもう

片手で打つ楽器だけど、まだまだいけるよね。

ソロ（独奏）もこれでバッチリ。

R.シュトラウスはアルプス交響曲の中で、家畜用のものを使い、高原ののどかな雰囲気をかもし出しています。

シェーカー shaker（英）

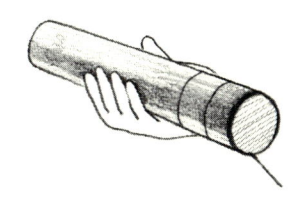

　もともとは、ヤシ科の実のカラや、籐などで作られたカゴやザルの中に、種子や小石を入れて振るものの総称とされていました。現在では、金属製の筒の中に小石やビーズを入れ、透きとおった音がするようになっていて、サンバのリズムには欠かせない楽器です。

　この楽器はショカリョ（chocallo ポルトガル語）という楽器が起源になっています。

【持ち方・演奏方法】

　小さいものは片手で、大きなものは両手で持ち、手首を自由に使って演奏します。

　手首を柔らかくして、上下に振ってみよう。

♪ **サンバトリオ**

　サンバで大活躍の3つの楽器で楽しいアンサンブルをしよう。

『3羽トリオ』　木許 隆・作曲

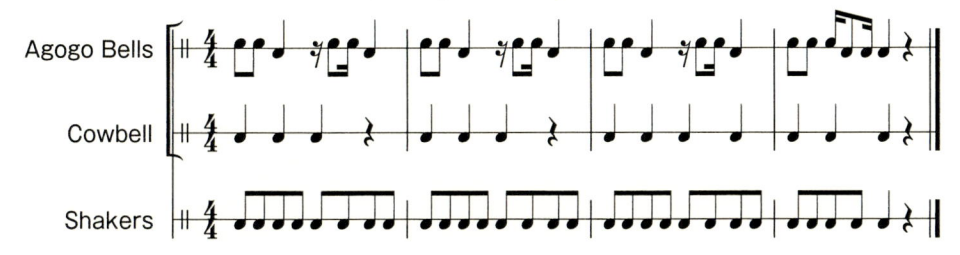

Agogo Bells
Cowbell
Shakers

47

楽器で楽しむリズム　皮を張った楽器

タンブリン tambourine（英）

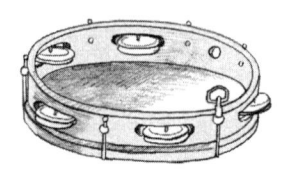

　鈴のついた太鼓の一種で、世界最古のものは紀元前2000〜3000年頃からエジプトにあったといわれています。現在では、音楽以外にダンスや体操にも用いられますが、古くは女性のリズム楽器とされた時代や、吟遊詩人、見世物師、奇術師に用いられていた時代もありました。

> 演奏方法

　タンブリンの奏法には、打つ、振る、こするというものがありますが、大きく分けると次の3つの方法があります。

（1）リズミカルな音型には…
　　指を軽く半円形に丸めて打つ、こぶしで打つ、手のひらで打つ、ひざや太ももに打ちつける。
　　いろんな強さで表現してみよう。どんな音色が出せるかな。

（2）ロール奏法には…
　　わくを握って振る、鼓面のふちにそって親指または中指でこする。
　　ロール奏法とアクセントの表現をしてみよう。

（3）速度の速い音型の時には…
　　楽器をひざや台の上に水平に置き、両手の指先またはスティックで打つ。
　※弱音で速い音型の場合は、鼓面を下にして置くとよい。

　オーケストラでは、W.A. モーツァルトの『6つのドイツ舞曲』K.571（1787年作曲）の中で、ティンパニやシンバルとともに初めて使われています。

> 1ポイントアドバイス

　枠のすずがついていないところに丸い穴が開いていますが、ここを楽器を持つ位置として考えます。鼓面を打つことによって、すずが響く構造なので、なるべくすずの響きを妨げないよう持ちます。子どもの場合は、枠に沿って持ちます。

第2章◎楽器でリズムを楽しもう

小太鼓 (スネアドラム) snare drum, side drum（英）

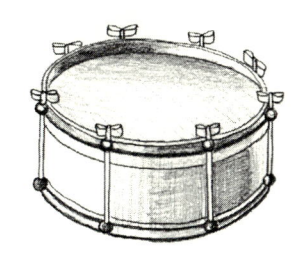

ペルシャやアラビアを発祥として、近東を通じてヨーロッパへ伝わったとされるこの楽器は、円筒形の胴の両面に皮を張り、裏側には響き線（スネア）がついています。表側をばちで打つと、裏側についている響き線が振動し独特の音色を出します。18世紀中頃、トルコのジャニサリー音楽（軍楽隊）がヨーロッパ各地で流行し、大太鼓が普及されたので、小太鼓は小さくなり、音も高くなりました。

演奏方法

専用のスタンドに置き、2本のばちを使い打つことを基本としますが、ワイヤーブラシを用いたり、作曲者の指示により、指で打つこともあります。

スティックの持ち方

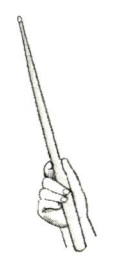

スティックの持ち方、構え方

スティックの太い部分から1/3の部分を、親指と人差し指で持ちます。この時に指先だけにならないように、人差し指はスティックの上に乗せましょう。

残り3本の指を曲げスティックに添わせます。親指がスティックの上に乗ってしまわないように注意しましょう。

正しい持ち方を注意しながら、左右のスティックの先端が直角（90度）になるように構えます。

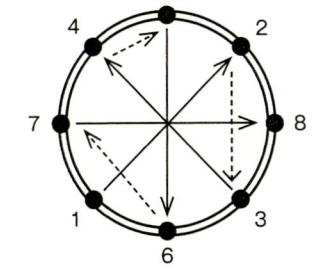

チューニング方法

図のようにチューニングボルトを均等に締めましょう。

オーケストラでは、G.F.ヘンデルの組曲『王宮の花火の音楽』の中で初めて使われました。M.ラヴェルの『ボレロ』では、最初から最後まで活躍します。

大太鼓 (バスドラム) bass drum（英）

紀元前2500年頃には作られていたといわれていますが、1700年頃、トルコの軍事力を制圧したヨーロッパ軍が、トルコの軍楽隊を模倣して軍楽隊を作り、ヨーロッパ全域に広がりました。この時代に使われていた大太鼓は、ダブル・トゥルキーといわれ、右手に大太鼓のばちを、左手にむちのような棒を持ち、太鼓の両面を打つ奏法が用いられていました。小太鼓の改良と普及にともなって、だんだん現在の大太鼓になりました。通称バスドラムといわれていますが、ベースドラムを日本語化したものです。

マレットの種類

(演奏方法)

スタンドの上に乗せ、フェルトまたは布をかぶせた大きな頭を持つマレットを用いて演奏します。また、回転式のスタンドの場合には、少し傾斜させて演奏します。

皮の中心近くを打てば、響きのよい音が出るよ。

音を消す練習をしましょう。音を正確に消すことができるかな。音を消す時、左手で表もしくは裏の皮を押さえますが、どこを押さえると音楽に合った音の消し方ができるか、研究してみましょう。

♪ 小太鼓と大太鼓のアンサンブルをしてみよう。

『Small & Big』　木許 隆・作曲

♪ タンブリンも仲間に入れてみよう。

『Circular Drums』　木許 隆・作曲

※ タンブリンは左右に振ってリズムを取り、アクセントの部分は鼓面をたたきましょう。
※ 小太鼓の×印の部分はリム（rim）を打ちましょう。

ボンゴ bongos, bongo drums（英）

大小2個の小型の片面太鼓をつなぎ合わせた楽器で、ラテンアメリカ音楽のリズムには欠かせないキューバの楽器です。胴は木製で、厚さが3cmぐらいになるように1本の太い木をくり抜いたものや、細い木をタルのようにつなぎ合わせて作られたものがあります。

演奏方法

原則として楽器を両ひざの間にはさみ（左に小さい太鼓）手と指でたたきます。皮の中央やふちをたたき分けることによって、異なった音程や音色を得ることができます。本来は指で演奏する楽器ですが、バチやマレットを用いて演奏される場合もあります。

コンガ conga, conga drum（英）

タル型の太鼓でトゥンバドーラとも呼ばれるアフリカ系キューバ人の楽器です。2個1組として使い、2個の音程は高低が異なるようにチューニングします。古くからアフリカの村と村の連絡などに使われたトーキングドラム（くりぬいた木の筒に皮を張った通信用の太鼓）や宗教の儀式に使われていた太鼓が、黒人の移動にともないキューバにわたり、踊りの音楽に用いられるようになって、その名前を世界中に広めました。

演奏方法

ベルトで肩から吊るしたり、楽器の胴に足を付けたり、専用のわくにはめ込んで演奏します。指や手のひらでたたくのが普通ですが、バチやマレットを用いて演奏される場合もあります。

右手から順番にたたいてみると、何回でも繰り返すことができるよ。

R L R L R L R L R L R L R L R L

楽器で楽しむリズム　いろいろな楽器

ティンパニ timpani, kettledrums（英）

　鍋型をした太鼓の一種で、オーケストラでは最も重要な打楽器です。日本の太鼓とは違って音が共鳴しないため、一定の音の高さにすることができます。また、ペダルや膜の周囲にあるネジの調整によって、ある程度、音の高さを変えることができ、楽器の大きさによって音域の差を出すこともできます。古代のつぼ形の太鼓から発達したもので、アジア、中近東方面からヨーロッパに伝わりました。

演奏方法

　２個１組として使われることから、楽器名を書く時に複数形で「ティンパニ」と書きます。１個なら「ティンパノ（伊）」といいます。

> E. ベルリオーズは10人の奏者が16個のティンパニを使う「死者のためのミサ曲」を作曲しています。

ティンバレス timbales（英）

　小太鼓によく似た、大きさの異なる２つの太鼓を組み合わせた楽器です。胴は金属製で、皮は上側のみに張ってあり、やや高めの音程が感じられるようにチューニングします。小型のティンパニをモデルとして作られたところから、ティンバレスという名前がつけられました。

　わん型のくぼんだ木片に動物の皮を張った太鼓が、奴隷の売買によってアフリカからラテンアメリカに渡り、キューバの民族楽器となり発達したものです。

第2章◎楽器でリズムを楽しもう

木琴の仲間たち
シロフォン xylophone（英）

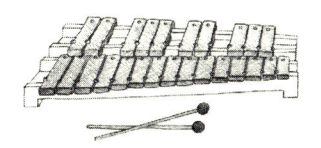

合図や信号用として木片を打つことから始まったこの楽器は、東南アジアからヨーロッパに伝わったといわれています。もともと、2、3枚の板を脚の上に乗せたもので、音を響かせるため、地面に穴を掘ったという記録も残っています。

400年ほど前のヨーロッパには、麦わらの上に木片を並べた「麦わらのヴァイオリン」と呼ばれる木琴がありました。また、木琴のことを「木のハーモニカ」や「木のオルガン」と呼んだ時代もあります。

マリンバ marimba（英）

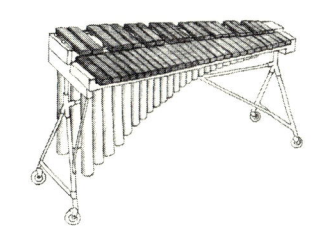

音板の下に金属製の共鳴管をつけた木琴の一種で、アフリカの土俗楽器（マジンバ）がアメリカに伝えられ発達した楽器です。アフリカでは木片の下に、うりで共鳴管状のものを吊していたといわれ、音板が大きいため音色も柔らかく余韻もあります。

演奏方法

鉄琴の仲間たち
グロッケン orchestra bells, bells（英）

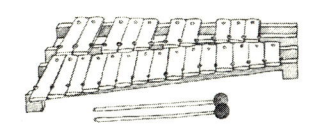

Glockenspiel（グロッケンシュピール）とは、Glocken（鐘）＋spiel（演奏）というドイツ語で、教会の鐘を模倣して作られた楽器です。鐘の音を楽器にして出そうという試みは、古くからなされていましたが、木琴と同じように東南アジアの楽器を参考にして作られたものといわれます。

W.A. モーツァルト作曲の歌劇「魔笛」の中には「鋼鉄の楽器」という名称で出てきます。

53

ヴィブラフォーン vibraphone（英）

音板となる鉄片の下に金属製の共鳴管をつけ、音板と共鳴管の間にプロペラを装置し、これを回転させ音の余韻を震わせるようにした楽器です。第一次世界大戦後に鉄琴のマリンバとして考案された楽器で、Vibra（震える）＋phone（音）という名前がつけられました。

> 演奏方法

> ♪ 木琴と鉄琴でアンサンブルしてみよう

> 1ポイントアドバイス

私たちは音階があって、ドの上がレ、その上がミと普通に思っていますが、子どもにとって音階というのは、理解しにくいものです。そこで、音は階段のようになっているということを、具体的に説明します。体の部分を音階にし（つま先はド、膝はミ、腰はソなど）、階名で歌いながら体の音階に触って視覚的にも音階が理解できるようにします。また、ピアノを学んでいる子ども以外は、メロディを有音程楽器で弾くのは難しいので、和音の中の1音、あるいは2音をリズム楽器のように奏することもできます。

第3章

世界のリズムを楽しもう

ロック (ロックン・ロール) rock, rock'n'roll (英)

　1950年代半ば、黒人のリズム＆ブルースと、白人の地方音楽であるカントリー＆ウェスタンが混血して形成されたアフター・ビートを強調したダンス音楽を「ロックン・ロール」と呼びました。このジャンルからヒット曲が出るようになると共に、その名前を縮めて「ロック」と呼ばれるようになりました。はじめは、ビル・ヘーリーやエルヴィス・プレスリーのスタイルを指していましたが、1962年、イギリスから若い4人組「ザ・ビートルズ」がデビューして以来、ロック・ミュージックは音楽的にも飛躍的に充実をみせ、アメリカではヴェトナム戦争下の若者の反発反抗精神とも結びついて、新しいポピュラー音楽としての地位を確立しました。小編成ながら、時には数万人もの聴衆を圧倒するようなサウンドと、社会性をもった歌詞は世界の若い世代の共感を呼び、ジャズ、ラテン、フォークなどの手法、精神、感覚を取り入れて音楽的な領域を拡大し、60〜70年代にはポピュラーソング、ポピュラー音楽全般に、さまざまな影響を与えました。

① 8ビート

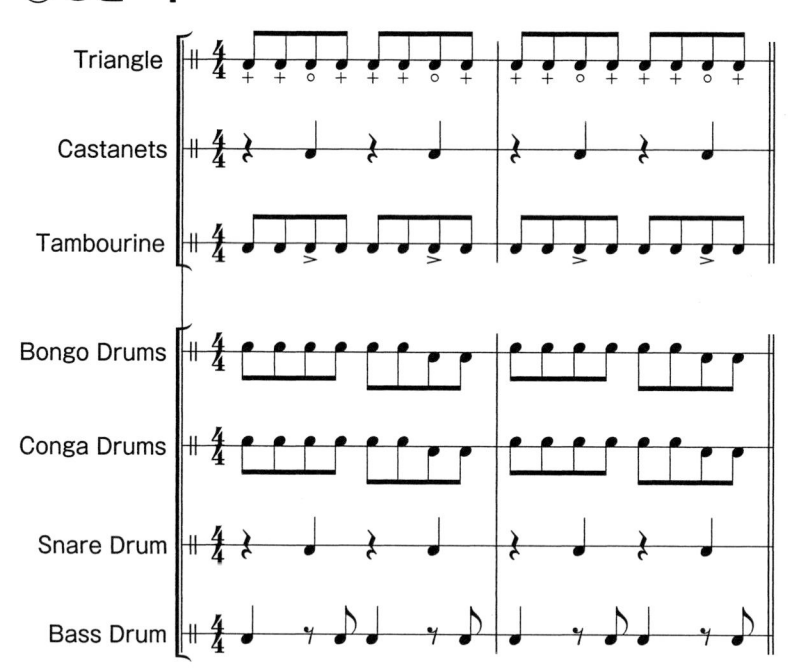

　　＋：クローズ奏法…持っている手で楽器の響きを止める奏法
　　○：オープン奏法…響きを止めず打つ奏法

第3章◎世界のリズムを楽しもう

② **16ビート**

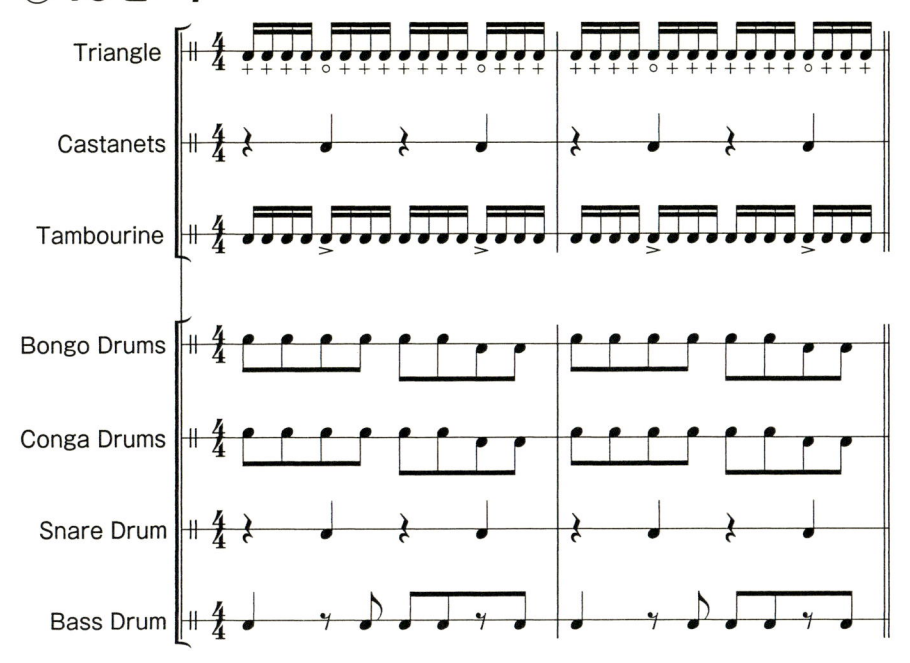

③ **シャッフルビート**

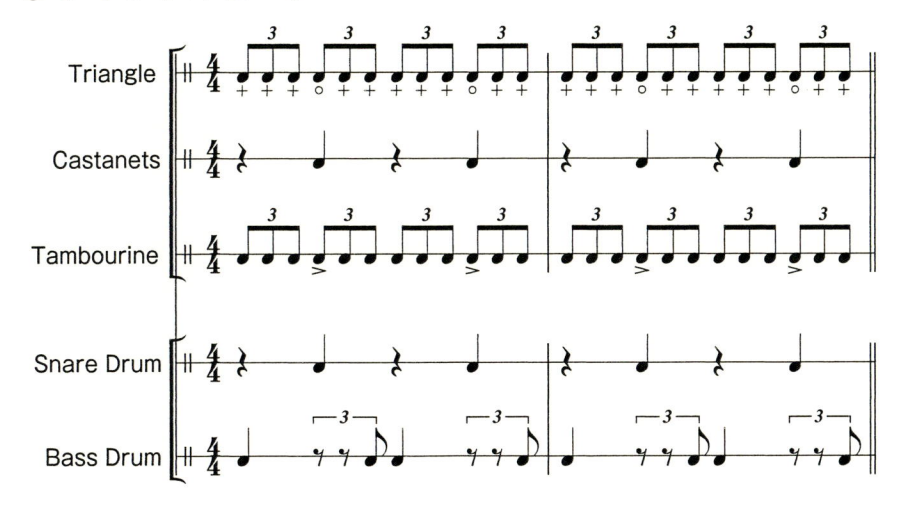

アフロ・キューバン Afro-Cuban（英）afro-cubano（西）

アフリカ・キューバ音楽の意味で、キューバやラテン諸国のダンス・リズムを強調したポピュラー・ミュージックスタイルをいいます。楽器としてコンガやボンゴを使用します。

マンボ mambo（西）

第二次世界大戦直後、キューバのペレス・プラードらによって広められたラテンアメリカのダンス曲です。ルンバにジャズの要素を取り入れたもので、ルンバから8小節のテーマに4小節の間奏がつく形と、マラカス・ボンゴ・コンガなどの打楽器群を受け継いでいます。1950年代中頃からヨーロッパや日本でも流行しました。

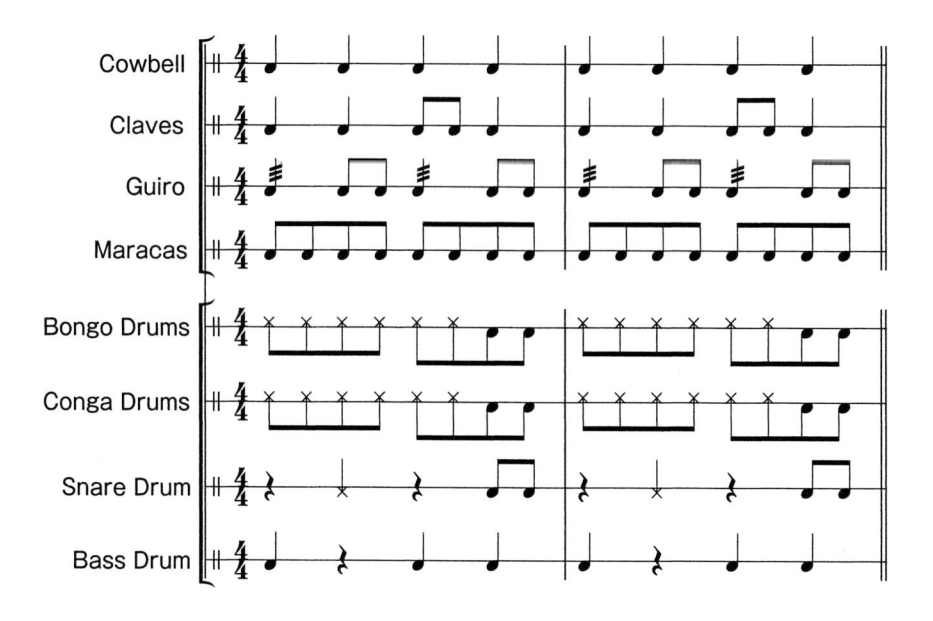

ルンバ rumba, rhumba（英）rumba（西）

19世紀はじめ頃、キューバのアフリカ系住民の間に起こったダンス・リズムで、速く活気に満ちた2/4拍子のリズムに特徴があります。1930年前後にアメリカやヨーロッパに普及し、社交ダンスの標準リズムとなりました。アメリカにルンバの流行をもたらしたのは、キューバ出身のD.アスピアスの「南京豆売り」などのヒット曲によるものでした。

サンバ samba（ブラジル・ポルトガル系土語）

ブラジルのニグロ系住民の集団的なダンス、曲、リズムを指します。アフリカ系の民俗舞踏がもとになったものといわれ、集団で輪になって踊ったり、行列行進しながら踊るのが特色になっていますが、1910年代には社交ダンス化され、あるいは歌曲にそのリズムが取り入れられて都会化されています。

ボサ・ノヴァ bossa nova（ポルトガル）

「新しい天性」というような意味で、ブラジルの作曲家アントニオ・カルロス・ジョビンやジョアン・ジルベルト（ヴォーカル、ギター）らが創始者といわれ、ブラジルのサンバに、ジャズの感覚を取り入れたもので、ジャズ・サンバともいわれています。1960年代に、サクソフォーン奏者のS.ゲッツが「ジャズ・サンバ」というレコードを出してから、アメリカでも流行しました。

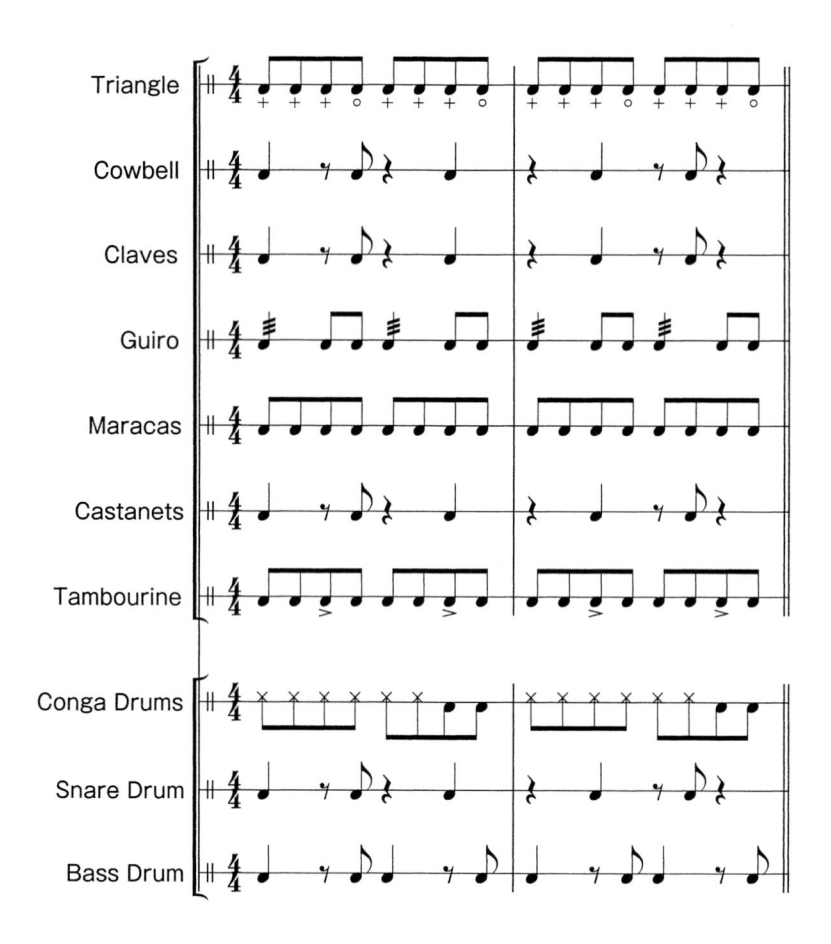

スイング swing（英）

スイングはジャズの演奏上、楽譜に記載しにくい規則的に繰り返される躍動的なリズム感を表す形容詞として、黒人間に使われていた言葉でした。1930年代中期にジャズ志向のダンスバンドの演奏も含めて「ジャズ」という言葉の代わりに「スイング」と呼ぶようになり、1930年代後半から1940年代にかけての約10年をスイング時代と呼んでいます。スイング感はジャズには欠かせない表現感覚の一要素と考えられています。

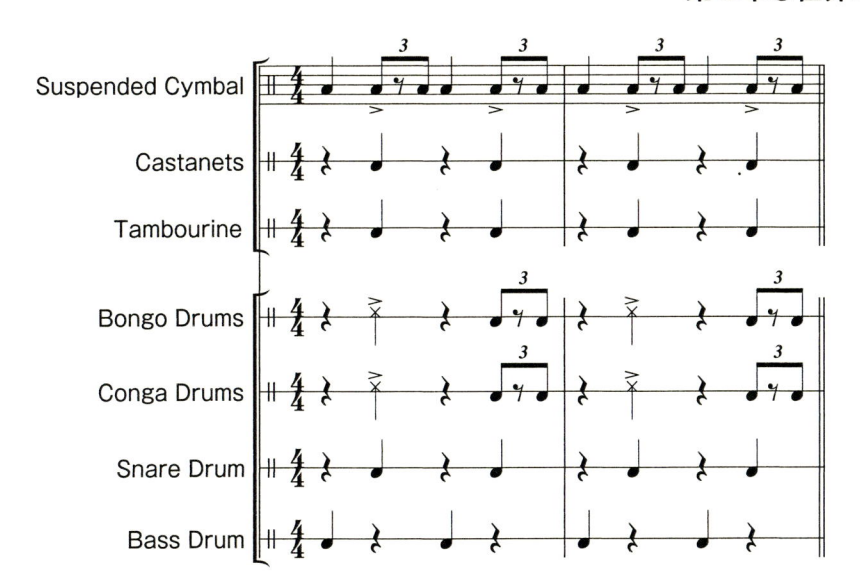

タンゴ tango（西）

　19世紀後期、アルゼンチンの首都ブエノスアイレスの近郊、ラプラタ湖畔のボカ地区に住む下層民の間に起こった民族音楽でしたが、20世紀に入る頃から一般社会に普及し、ダンス音楽や歌曲として都会人の好みに合った音楽に改良され、やがてヨーロッパにも紹介されて世界的に親しまれるようになりました。タンゴはアルゼンチン全土的な民族音楽「フォルクローレ」に対して、ブエノスアイレス地方に起こった都会的な音楽であることから、ポルテニア音楽（港町ブエノスアイレスの音楽という意味）とも呼ばれています。

　アルゼンチン・タンゴは20世紀初頭から多くの演奏者によって、直接ヨーロッパに紹介されましたが、1920年代以降ヨーロッパの作曲家や楽団によってヨーロッパ人好みの優美なスタイルのものに変化しました。それらを区別して「コンティネンタル・タンゴ」と呼んでいます。

① アルゼンチン・タンゴ

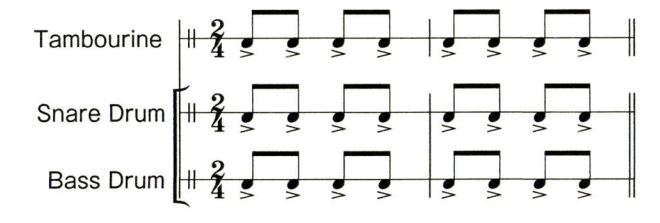

② コンティネンタル・タンゴ

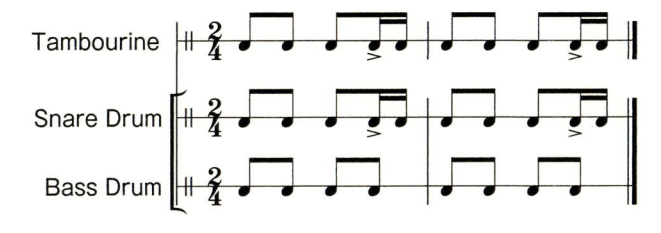

チャ・チャ・チャ cha cha cha（西）

ラテン系の踊りで、1953年にE.ホリンがマンボから作り出したといわれています。速い2/4拍子または4/4拍子。マンボは「1・2・3・休」と数えるのに対して、チャ・チャ・チャは「1・2・チャ・チャ・チャ」と数えます。

マーチ march（英）

軍隊もしくは集団を、秩序正しく行進させるための実用音楽として作られました。歴史はきわめて古く、古代エジプトやメソポタミアの時代にまでさかのぼります。

しかし、マーチが芸術音楽の中に登場するのはずっと遅く、16世紀以降の戦争で軍隊の行進を描写したのが最初といわれています。19世紀後半になり、吹奏楽が栄えるようになると、マーチは、吹奏楽用の作品として人気を集めるようになりました。

① 2/4拍子

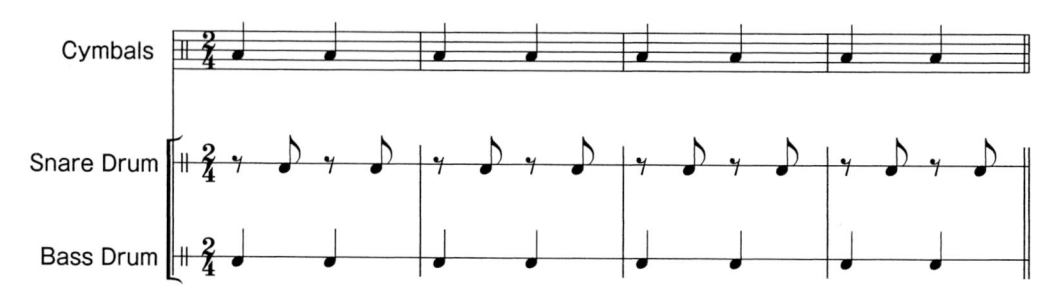

② 6/8 拍子

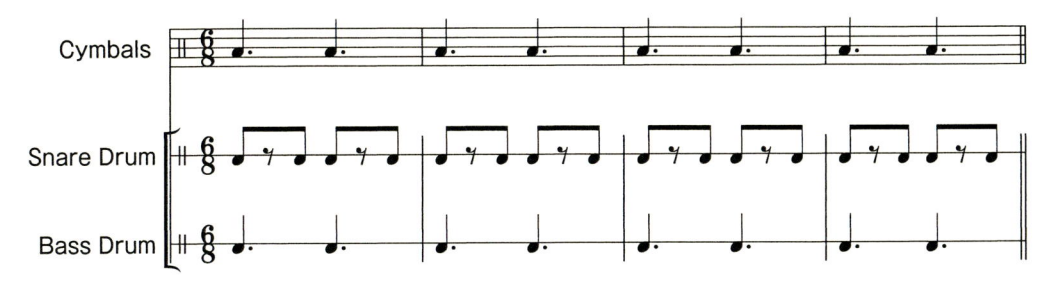

ワルツ waltz（英）

　18世紀末頃から、オーストリア・バイエルン地方に起こった3/4拍子の舞曲を指し、その前身は、ドイツ舞曲のレントラー・ランガウスといわれています。円を描きながら踊るというものは中世から存在しましたが、「ワルツ」という言葉が発生する1780年頃以前、男女が踊ることからバイエルンでは禁止されたこともあります。常に弾圧を受け、W.A. モーツァルトですらこの踊りを社会の下級のものと考えていました。ワルツが流布したのはフランス革命や19世紀の社会構造の変化に関係があり、ウィーンではヨーゼフ2世が3000人の市民を宮廷舞踏場に招き、貴族と市民の間の亀裂を埋めるため、ワルツを踊りました。当時のプロイセン宮廷では公式の場でワルツを取り上げていません。しかし、1814～1815年のヴィーン会議以降はヨーロッパ全土に広まり、あらゆる階層に受け入れられるようになりました。

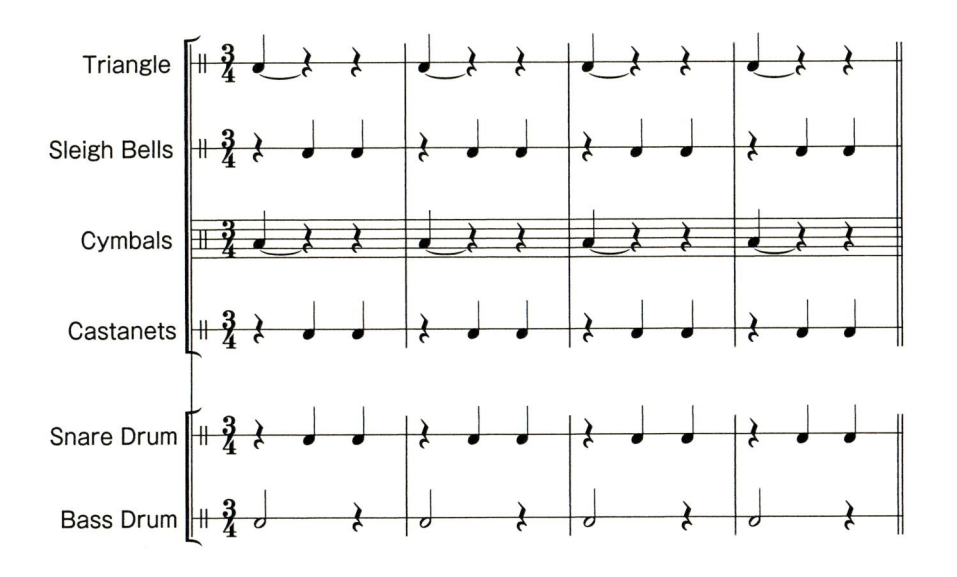

カリプソ calypso（西）
　カリブ海の南部トリニダード・トバゴ共和国、トリニダード島の民謡や民族舞踊。労働歌の一種で、太鼓やマラカスの伴奏により、土語・英語・フランス語などが混じった独特の言葉で、単純なメロディーのパターンを繰り返し即興的に歌われる歌です。1957年、ハリー・ベラフォンテが『バナナ・ボート』を歌ってから世界中に知られるようになりました。

ビギン beguine（英）
　西インド諸島マルティニーク島とセントルシア島の、偶数拍子の速いテンポを持つ黒人の踊り。1930年頃、ヨーロッパにも紹介されましたが、コール・ポーター作曲『ビギン・ザ・ビギン』のヒットで世界的に有名になりました。

メレンゲ merengue（西）
　もともとドミニカのカーニヴァル行列に使われるダンスと行進のリズムといわれていますが、1950年代にラテン・リズム楽器によって新しいダンス・リズムとして欧米に紹介されてポピュラーになりました。打楽器の連打するリズムに特徴があります。

ポルカ polka（英）
　チェコの舞曲。速い2拍子でリズムに特徴があります。1830年頃のボヘミア（チェコ）におこり、間もなくヨーロッパ中のサロンに広まり、世紀末まで熱狂的にもてはやされた。スメタナやドヴォルジャークなどにより、芸術音楽の分野に入れられました。

ボレロ bolero（西）
　スペインの舞踏の一種で、1780年頃の舞踊家S.セレソが創作したといわれています。音楽は3拍子でカスタネットで伴奏されます。ベートーヴェンはボレロの作品を作り、J.オベール（仏）やC.ウェーバー（独）は歌劇の中で舞踊を使っている。ショパンのピアノ曲op.19やラヴェルの管弦楽曲が特に有名です。キューバのボレロは2/4拍子で書かれています。

第4章
リズム・アンサンブルを楽しもう

1. 楽しみながら基礎練習

① 立って足踏みしながら

R＝右、L＝左

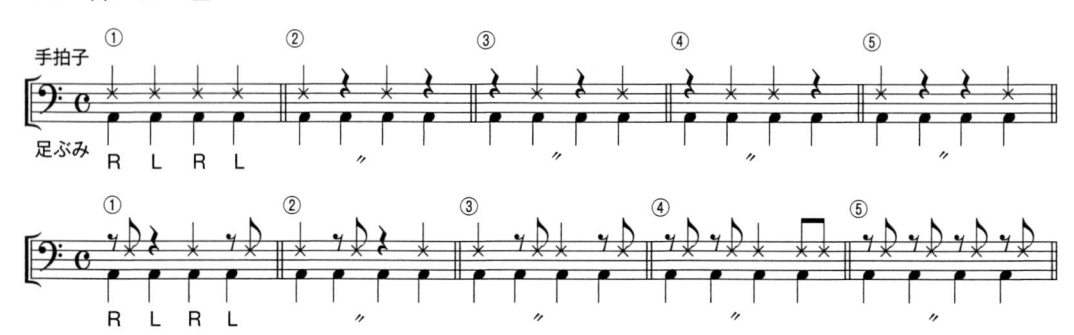

② イスに座って

③ リズム・カノン

↓＝手拍子、♩＝机をたたく

※右足のみでたたく

④ 二重奏
―― 2つの太鼓を手で1人ずつがたたく

⑤ 三重奏
――3つの太鼓を3人がひとつずつ手でたたく

⑥ 四重奏

- ボンゴを2人でコンガを2人で4つの音に分けてたたいてみる。
- その他いろいろなたたけるリズム楽器で分奏してみてください。
- 最後に『アイアイ』の曲のメロディを簡単なメロディ楽器で奏したり、歌いながら分奏してみてください。

2. やさしいリズム・トレーニング

言葉を使った基礎練習

動物

カバ カバ シマウマ シマウマ ゾーオさん ゾーオさん ヌー

フクロー フクロー チーター カンガルー チンパンジー チンパンジー

野菜

ゴボー ピーマン ピーマン キューリ ネギ タマネギ ラッキョー

ホーレンソー ホーレンソー カリフラワー カリフラワー

アスパラガス アスパラガス トマト トマト

ブロッコリー ブロッコリー シシトー シシトー

食べ物

ショートケーキ ショートケーキ コロッケ コッペパン ビスケット

グレープフルーツ パイナップル

食事

カレー ラーメン オムレツ ギュードン スパゲティー

※速いテンポでもやってみましょう。

ハンバーグ カツドン オヤコドン ビーフステーキ

第4章◎リズム・アンサンブルを楽しもう

(カイセンドン　チューカドン　サンドイッチ　ユデタマゴ)

- これらのいろいろな言葉のリズムでたたいてみましょう。
- 言葉と言葉をつないで「リズム・パターン」を作ってみましょう。

　　例えば

(ギュードン　シシトー　ブロッコリー)

または間に語り言葉を入れて

〈例〉
(ビーフステーキ　たべちゃって　ラーメンたべて　カレーたべて　まだまだオヤコドン　たべたいな)

- 初めに足踏みしながら、手拍子でいろいろな言葉のリズムをたたいてみましょう。

手拍子　(ホーレンソー　カリフラワー　ブロッコリー)
足ぶみ　R L R L　R L R L　R L R L

- 次に足踏のところを手拍子で、手拍子のところを足ぶみでやってみましょう。

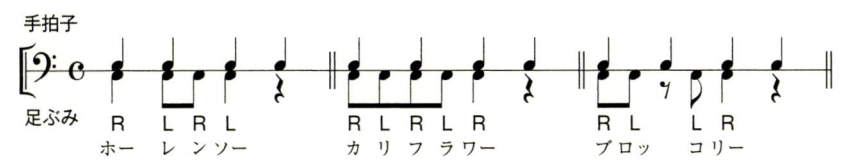

手拍子
足ぶみ　R L R L　R L R L　R L　L R
(ホーレンソー　カリフラワー　ブロッコリー)

- いろいろな言葉のリズムを組み合わせて、手・足を使って練習してみましょう。
- むずかしいリズムは、言葉に置き換えて練習してみましょう。

(イクラドン　ステーキ　シュークリーム　パン)

- また逆に、リズム・パターンに言葉をあてはめてみましょう。

3. いろいろなリズム・アンサンブル

2拍子のリズム・アンサンブル

3拍子のリズム・アンサンブル

- バチを使わずに手でたたきましょう。
- 音程の異なる4種類の打楽器でアンサンブルしてみましょう。

第4章◎リズム・アンサンブルを楽しもう

4拍子のリズム・アンサンブル

×＝2本のスティックを打ち合わせる

左右を一緒にたたく

※ 楽器は太鼓でなくても、たたく楽器であればなんでもよい。ただし、2本のスティック（バチ）でたたく楽器を用意してください。

4. アンサンブルを楽しもう

とんでったバナナ

桜井　順・作曲
高倉秋子・編曲

第4章◎リズム・アンサンブルを楽しもう

ピクニック

イギリス民謡
高倉秋子・編曲

タンブリン
カスタネット

ベル
トライアングル

ウッドブロック
カウベル

スタンドシンバル

小太鼓
大太鼓

第4章◎リズム・アンサンブルを楽しもう

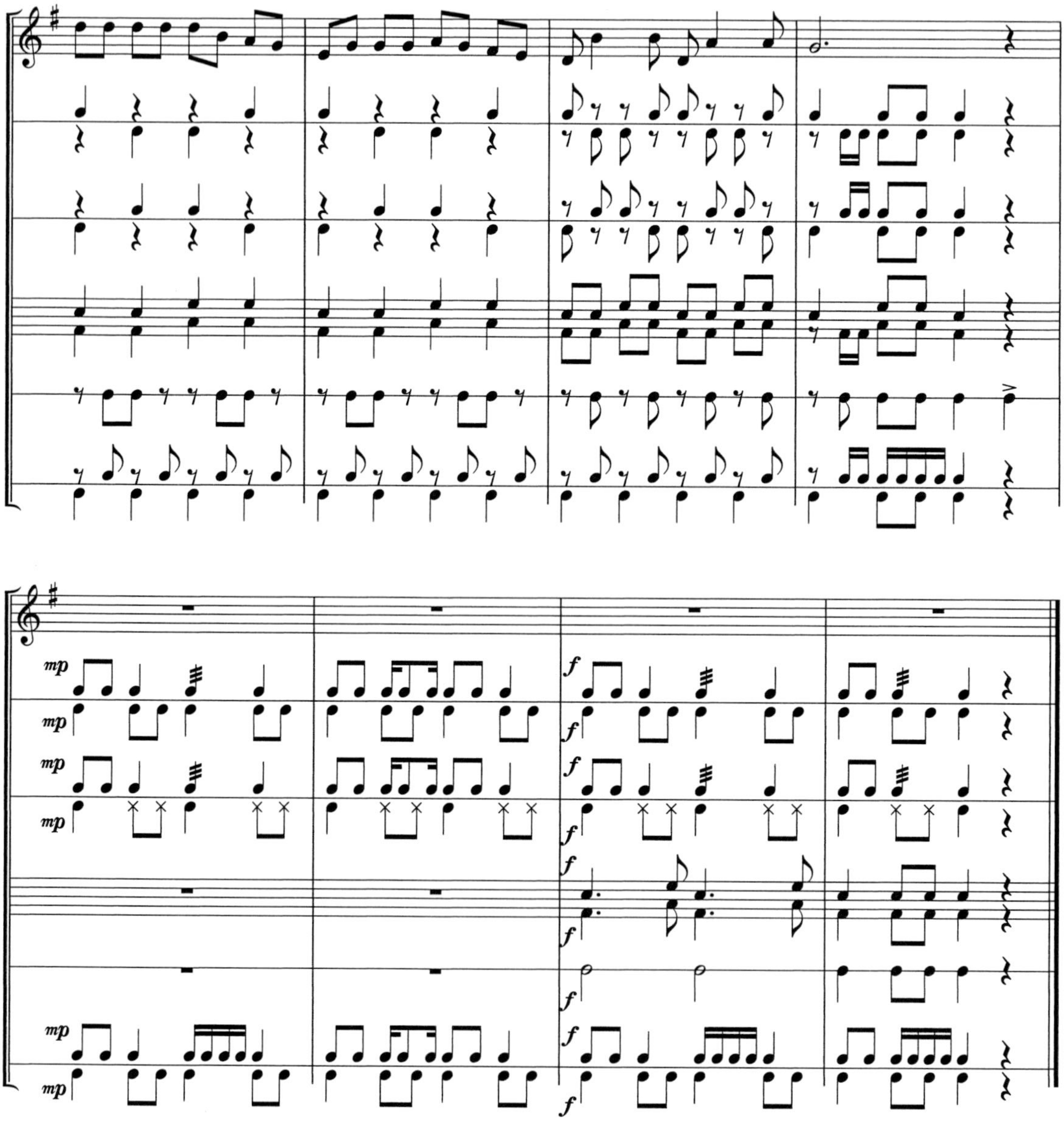
mp
f

第4章◎リズム・アンサンブルを楽しもう

みんなのサンバ

中沢善宏・作詞
ブラジル民謡
三縄公一・編曲

ジュースじゅんじゅん

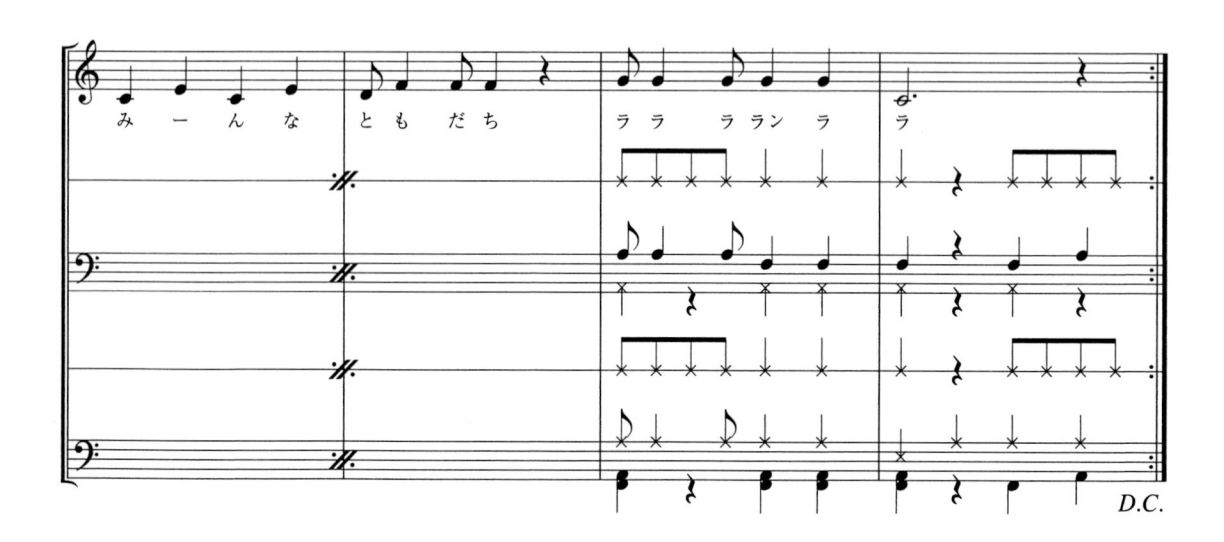

中沢善宏・作詞
三縄公一・作曲

ギロ
ボンゴ
カウベル
クラベス
ウッドブロック
コンガ

ジュー スじゅんじゅん　ジュー スじゅんじゅん　ジュー スじゅんじゅん　のんじゃった
ジュー スじゅんじゅん　ジュー スじゅんじゅん　ジュー スならんで　のんじゃった
　　　　　　　　　　　　　　　　　　　　　　　つめた いジュー ス

第4章◎リズム・アンサンブルを楽しもう

チェッ・チェッ・コリ

中沢善宏・作詞
ガーナ民謡
三縄公一・編曲

マーチ１

三縄公一・作曲

- スティッククロスは、スティック同士を打ち合わせます。
- 「S.D.」はスネアドラム（小太鼓）の略、「T.D.」はテナードラム（中太鼓）の略です。
- アドリブといっても初めは難しいので、「S.D. アドリブ」、「T.D. アドリブ」で参考のために例を載せています。
- 「bis」はその部分（小節）を２回繰り返します。

マーチ2

三縄公一・作曲

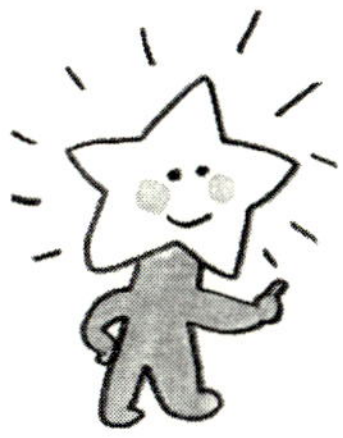

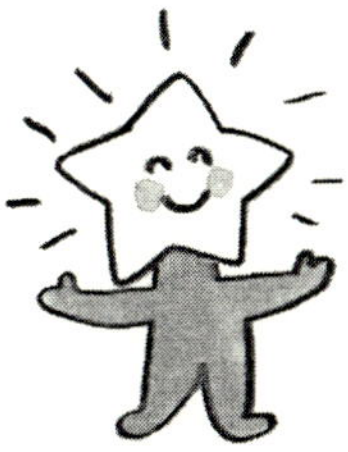

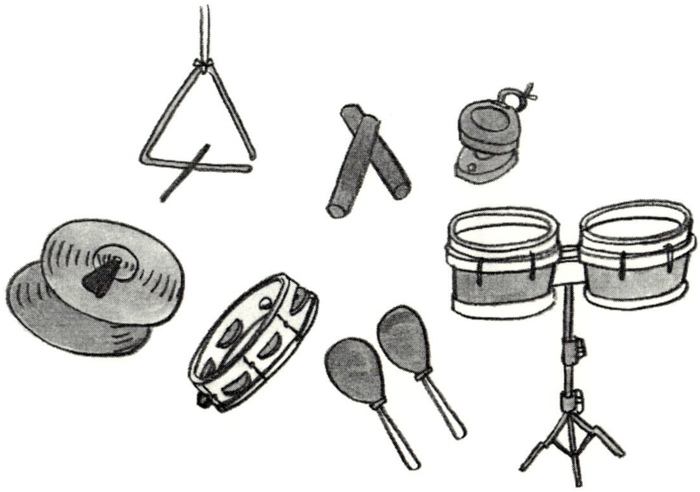

編著者略歴

木許　隆 (きもと・たかし)

大阪音楽大学音楽学部・器楽学科を経て、ウィーン国立音楽大学マスターコース（指揮）修了。
1993年、ウィーン国際音楽コンクール（指揮部門）において、史上最年少にて特別賞を受賞し帰国する。また、播磨文化奨励賞を受賞。
兵庫大学短期大学部、中京短期大学、埼玉純真短期大学を経て、現在、岐阜聖徳学園大学短期大学部幼児教育学科准教授。
全国大学音楽教育学会、日本音楽表現学会、日本管打吹奏楽学会、会員。
著書に「幼稚園教諭・保育士をめざす人のためのテキスト　ピアノへのアプローチ4ステップス」（共著）音楽之友社がある。

高倉秋子 (たかくら・あきこ)

東京芸術大学・音楽学部器楽科打楽器専攻卒業。
聖ヶ丘保育専門学校、足利短期大学、小田原女子短期大学の非常勤講師を経て、現在、足利短期大学・幼児教育科教授。
保育学会、全国大学音楽教育学会・関東地区学会。
主な著作に、「器楽合奏曲集　ちいさなせかい」「こどもといっしょに　たのしく打楽器」「うたってひいて　童謡ぴっこりーの」「エンジョイ　パーカッションアンサンブル　ポピュラー　メロディー」などがある。

高橋一行 (たかはし・かずゆき)

国立音楽大学・音楽学部器楽科卒業。
大学や市民オーケストラ、ブラスバンド、コーラス等の指揮、指導、武蔵野女子短期大学幼児教育科専任講師を経て、現在、武蔵野大学教育学部児童学科教授。
現在、世界の民族音楽を調査し、同時に幼児・児童の音楽教育についての研究を行い発表している。
全日本音楽教育研究会、ＩＳＭＥ、保育学会、ドラムサークルファシリテーター協会の会員。
現在、全国大学音楽教育学会の副理事長、関東地区学会の副会長を務める。

三縄公一 (みなわ・こういち)

東京芸術大学・音楽学部器楽科打楽器専攻卒業。
打楽器奏者としてオーケストラ、スタジオ、ブラスアンサンブルなどで演奏活動を行う。
全国大学音楽教育学会、日本感性教育学会、日本著作権協会、日本打楽器協会の会員。NPO法人神奈川県マーチングバンド・バトントワーリング連盟副理事長。
現在、鎌倉女子大学大学院・児童学研究科および児童学部児童学科教授。
主な著作に、「幼児の器楽教育法」「わかりやすい音楽理論」「表現Ⅱ、音楽表現」「うたって踊っておもちゃ箱」、その他作曲、編曲多数。

保育者のためのリズム遊び

2007年4月10日　第1刷発行
2019年12月31日　第9刷発行

編著者　木許　隆、高倉秋子
　　　　高橋一行、三縄公一
発行者　堀内久美雄
　　　　東京都新宿区神楽坂6-30
発行所　株式会社音楽之友社
　　　　電話 03 (3235) 2111 (代)　〒162-8716
　　　　振替 00170-4-196250
　　　　http://www.ongakunotomo.co.jp/

装丁：吉原順一
カバー・本文イラスト：たかき　みや
編集協力：古川亨
浄書・組版：株式会社スタイルノート
印刷／製本：錦明印刷

©2007 by Takashi Kimoto, Akiko Takakura, Kazuyuki Takahashi, Kohichi Minawa　　Printed in Japan

日本音楽著作権協会（出）許諾番号 0703503-909 号

この著作物の全部または一部を権利者に無断で複製（コピー）することは、
著作権の侵害にあたり、著作権法により罰せられます。
落丁本・乱丁本はお取替いたします。

ISBN978-4-276-31356-9　C1073